U0652248

总体国家安全观系列丛书

文化与国家安全

Culture and National Security

中国现代国际关系研究院 著

时事出版社
北京

编委会主任

袁　鹏

编委会成员

袁　鹏　傅梦孜　冯仲平

胡继平　张　力

主　编

牛新春

撰稿人

楼春豪　胡仕胜　霍建岗

陈　宇　牛新春　陈双庆

李亚男

总体国家安全观
系列丛书

《文化与国家安全》
分册

总　序

一

　　摆在读者面前的这套丛书，名为"总体国家安全观系列丛书"，共六册。分别是《地理与国家安全》《历史与国家安全》《文化与国家安全》《生物安全与国家安全》《大国兴衰与国家安全》《百年变局与国家安全》。

　　我们试图以一种通俗而不失学术、鲜活而不失严肃的方式，让读者走进国家安全这个既神秘高端又同我们每个人息息相关的领域，在拓展知识开阔眼界的同时，提升我们的国家安全意识，增强统筹发展和安全的本领，为中国从大国走向强国奠定思想基础。这是我们学习领会习近平总书记创造性提出的总体国家安全观的一种尝试，也是现代院作为国家高端智库的一份责任。

　　国家安全离我们很远，诸如所谓"三海"（台海、南海、东海）问题，"三边"（边疆、边界、周边）问题，中美关系问题，政治安全、国土安全、军事安全、经济安全、金融安全、文化安全、社会安全、科技安全、网络安全、生态安全、资源安全、核安全、海外利益安全、深海安全、极地安全、太空安全、生物安全、人工智能安全等等问题，看似是"居庙堂之高"的党政领导干部关心关注的话题；国家安全又离我们很近，你说身边哪件事情跟国家安全完全没有关系？美国对华贸易战、香港"修例风波"、新冠肺炎疫情肆虐……不仅攸关我们的日常生活，甚至改变我们的人生轨迹。国事家事天下事，从来没有像今天这样紧密缠绕，深刻影响着我们每一个人。

我们生活在一个伟大的时代，比历史上任何时期都更接近民族的伟大复兴；我们生活在一个剧变的时代，世界正经历百年未有之大变局；我们生活在一个跨越的时代，中国从大国走向强国，从高速度发展走向高质量发展，从全面建成小康社会走向全面建设社会主义现代化国家……凡此意味着，我们面临的国家安全形势更加复杂，我们维护国家安全的任务更加艰巨。

改革开放 40 多年，我们坚持以经济建设为中心，坚持发展是第一要务，强调发展是硬道理，实现了初步崛起，取得了举世瞩目、史所罕见的历史性成就，中国人民为之自豪！世界人民为之钦羡！党的十八大以来，中国的发展进入新时代；今天，中华民族伟大复兴从"第一个百年"征程转向"第二个百年"目标。

毫无疑问，作为世界上最大的发展中国家，发展依然是中国的中心任务。但中美博弈加剧、香港"修例风波"、新冠肺炎疫情肆虐、金融风险升高、网络安全隐忧，几乎同时从不同领域不同方面向我们发出了警告：缺乏安全的发展有可能使我们遭遇"半渡而击"的不测，有可能使我们积累的财富一夜归零，也有可能使我们无穷接近的民族复兴无法抵达胜利的彼岸。

因此，在坚持发展的同时，国家安全问题非常紧迫地摆在中国人面前。如果说过去40多年我们较好处理了"改革、发展、稳定"的关系，那么未来30年我们则必须处理好"开放、发展、安全"的关系。站起来阶段，我们更强调安全；富起来阶段，我们更重视发展；强起来阶段，我们则必须兼顾发展和安全。如何统筹发展和安全两件大事？如何在更高水平开放条件下动态维护国家安全？什么是中国特色的国家安全道路？成为时代留给当下中国人的一道必答题。

二

对于这道必答题，以习近平同志为核心的党中央给出了答案。随着时间推移，答案愈清晰、科学、精准。

2013 年 11 月，党的十八届三中全会决定成立国家安全委员会。习近平总书记指出：

> 国家安全和社会稳定是改革发展的前提。只有国家安全和社会稳定，改革发展才能不断推进……设立国家

安全委员会，加强对国家安全工作的集中统一领导，已是当务之急。

2014 年 4 月 15 日，在中央国家安全委员会第一次会议上，习近平总书记创造性地提出总体国家安全观，指出：

> 当前我国国家安全内涵和外延比历史上任何时候都要丰富，时空领域比历史上任何时候都要宽广，内外因素比历史上任何时候都要复杂，必须坚持总体国家安全观，以人民安全为宗旨，以政治安全为根本，以经济安全为基础，以军事、文化、社会安全为保障，以促进国际安全为依托，走出一条中国特色国家安全道路。

4 月 15 日自此成为中国的全民国家安全教育日。

2014 年 11 月 28 日，习近平总书记在中央外事工作会议上指出：要"统筹国内国际两个大局，统筹发展安全两件大事"。

2015 年 12 月 16 日，习近平总书记在第二届互联网大会开幕式主旨演讲中指出：

> 安全和发展是一体之两翼、驱动之双轮。安全是发展的保障，发展是安全的目的。

2016 年 1 月 18 日，在省部级主要领导干部学习贯彻党的十八届五中全会精神专题研讨班上，习近平总书记指出：

> 推动创新发展、协调发展、绿色发展、开放发展、共享发展，前提都是国家安全、社会稳定。没有安全和稳定，一切都无从谈起。

2017 年 10 月 18 日，在党的十九大报告中，坚持总体国家安全观被纳入新时代坚持和发展中国特色社会主义思想的基本方略，并被写入党章。

2020年7月30日，在中央政治局会议上，习近平总书记首次提出"更为安全的发展"，指出要"实现更高质量、更有效率、更加公平、更可持续、更为安全的发展"。

2020年10月29日，党的十九届五中全会在《中共中央关于制定国民经济和社会发展第十四个五年规划和二〇三五年远景目标的建议》中，设专章论述"统筹发展和安全，建设更高水平的平安中国"，对坚持总体国家安全观尤其是统筹发展和安全浓墨重彩，将安全提升到和发展并重的位置，并将其作为"十四五"时期中国经济社会发展的指导思想，这在中国发展史上具有里程碑意义。

2020年12月11日，中共中央政治局专门就切实做好国家安全工作这一主题进行第二十六次集体学习，习近平总书记就贯彻总体国家安全观提出10点要求，也即"十个坚持"，标志着总体国家安全观的思想体系和理论体系已然成型，堪称习近平新时代中国特色社会主义思想的"国家安全篇"。

总体国家安全观从最初提出到不断完善，统筹发展和安全从被重视到成为中国经济社会发展的指导思想，安全发展理念被要求贯穿到中国发展各领域和全过程，"十个坚持"系统集成，自成体系……凡此意味着，中国特色的国家安全思想和中国特色的国家安全道路逐步形成，而总体国家安全观就是集中体现。这也就意味着，总体国家安全观不只是国家安全职能部门的工作指引，而应成为从事各项工作的党政干部的世界观和方法论，成为从大国走向强国的中国人民的必修课。

三

我们这套丛书，正是循着上述思路，试图站在中华民族伟大复兴战略全局和世界百年未有之大变局这"两个大局",以及新发展格局和大安全格局这"两个格局"的高度,立足"两个一百年"历史交汇期的特殊时间节点,从历史的长河、地理的视域、文化的纵深、大国兴衰的规律和百年变局的沉思等不同角度和维度,全景式、大视野认识国家安全。新冠肺炎疫情的突发和泛滥,促使我们对国家安全又多了一份从生物安全角度的思考,凡此汇编成六册,作为"总体国家安全观系列丛书"的第一辑,奉献给读者。

时间紧,任务重,责任大。丛书编者们大多是从事国际战略、区域国别和国家安全问题研究的学者,不乏知名专家,但从学习领会总体国家安全观入手,从历史、地理、文化诸角度看国家安全,却是一种全新的尝试和初步的探索。加之从一开始我们就商定,这套丛书必须通俗易懂、喜闻乐见,既要有国家安全主题的严肃性、政论性,又要兼顾可读性、知识性,总之让读者愿意看,且看后有收获,对编者们确实提出了挑战。

不论怎样，大家暂时放下手边的工作，全身心投入这项全新的事业，虽不时有"书到用时方恨少"之叹和"独上高楼，望尽天涯路"的茫然，但其中的责任感、使命感是真实且真诚的。

至于六册书的具体内容，各分册主编在书的前言都做了概述或导读，不乏精彩呈现。比如，谈历史与国家安全，从秦朝二世而亡，到"无事袖手谈心性，临危一死报君王"的明朝灭亡启示录，涉及中国历史的多个片段，从国家安全视角看历史，给人不一样的启发。谈地理与国家安全，突出"一方水土养一方人"，从俄罗斯的广袤到新加坡的狭小，从北极变迁到气候变化，从地理环境决定论到人定胜天，从地缘战略到首都安全，天南地北，无所不包。谈文化与国家安全，既有印度的种姓制度，也有日本的圈子文化，有阿拉伯人的困惑，有犹太人的韧性，由此解析国家安全的文化密码。至于大国兴衰与国家安全，百年变局与国家安全，可谓跌宕起伏，云谲波诡……在此不一一介绍了。借用一句广告词：更多精彩内容，敬请读者鉴赏。

  编写本套丛书是一次初步的尝试，加之知识储备的限度，其中错舛自然难免，我们会不断修正、完善、改进，为我们接续编写丛书的第二辑积累经验。

  是为序。

中国现代国际关系研究院院长 袁鹏

前　言

对于文化与国家安全的关系，大家并不陌生。中学语文课文《最后一课》中的故事就是一个生动而形象的例子。法国在1870年的普法战争中失利，被迫将阿尔萨斯、洛林两地划归德国。小说中，老师德麦尔先生无比痛心地说："我的孩子们，这是我最后一次给你们上课了。柏林已经来了命令，以后阿尔萨斯和洛林的学校只许教德语。新老师明天就到。今天是你们最后一堂法语课，我希望你们多多用心学习。"同时，德麦尔先生也满怀希望地说："亡了国当了奴隶的人民，只要牢牢记住他们的语言，就好像拿着一把打开监狱大门的钥匙。"由此可见，语言是文化的集中体现，文化就是国家安全的重要一环。

党的十八大以来，以习近平同志为核心的党中央创造性地提出总体国家安全观，标志着党对国家安全问题的认识达到新高度，文化与国家安全的关系也首次得到了系统性、理论性的阐述。在世界民族文化的百花园里，围绕文化与国家安全的关系，上演过一幕幕发人深思的历史剧。深入了解世界各民族的文化传承和发展经验，有助于更全面、更深刻地把握总体国家安全观的深邃思想。

印度文化最显著的特点是种姓制度。在这种文化氛围下，人生而不平等：职业世袭、人以群分、各守天命。3000 多年来，正是种姓制度把印度大陆切割得支离破碎，使这片"北背雪山，三垂大海"的天赐之地始终在"一次又一次被征服"的命运里打转。

日本的"圈子文化"给国家安全筑起了一道牢固的"篱笆"，但同时也使"篱笆"里的人因缺乏对外界的客观认识，而变得自尊自大，甚至犯下不可饶恕的罪行。所谓"成也圈子、败也圈子"。实现文化与国家安全的良性互动，关键在于既能正确利用文化带来的便利性，也能破解文化本身的弊病。

俄罗斯人与生俱来的不安全感和忧患意识，使之把对领土的渴望、对安全的关注写进了文化基因，锻造出坚韧不拔的意志、能屈能伸的狡黠，这种鲜明的民族性始终对国家安全有着重要影响，左右着俄罗斯民族的兴衰，也为其他国家提供了警示和启发。

阿拉伯社会长期动荡，其根源在于文化认同出了问题。人们在部落、伊斯兰教、泛阿拉伯主义、民族国家之间左摇右摆，忠诚对象难以统一，国家至今未能成为统领一切的最高认同。

犹太文化的韧性是犹太国家失而复得的密码，对建立现代以色列国并维护其安全发挥了重要作用。但就像硬币总有两面，犹太文化的多元性也导致族群内部矛盾和冲突不断，给国家安全带来隐患。

中国文化传承千年未曾中断，其秘诀在于开放兼容、自我更新。中国文化的民族性与时代性共生共存、相互促进，塑造出当前中国既传统又现代的独特国家认同和安全意识，既为总体国家安全观提供了丰富的文化源泉，也构成了总体国家安全的重要组成部分。

民族性和时代性是文化最本质的特征，两者相辅相成才能促进国家安全。一方面，国家安全需要文化主权作为牢固的基石；另一方面，国家安全又是文化主权安全的坚实后盾，正如《最后一课》教给我们的：没有国家安全，就不可能有独立自主的文化。对于世界各民族而言，更需要统筹文化的民族性与世界性，以便构建出"各美其美、美美与共"的命运共同体。

中国现代国际关系研究院

《文化与国家安全》课题组

目　录

目录

3

圈子文化：
日本凝聚力的悖论

1

第一章

国家安全的
文化密码

"文运同国运相牵，文脉同国脉相连"，这句话简洁而准确地揭示了文化与国家兴衰、民族安危、政权存亡的息息相关。从殖民时期西方对其他文明的挤压和侵略，到冷战时期的美苏意识形态之争，再到冷战后"历史终结论""文明冲突论""民主和平论""人道主义干涉"等掩盖下的国家间竞争，概莫能外。

从国家安全的角度看，文化包括国家的文化主权、民族文化特质、政治制度和意识形态等，具有鲜明的民族性、政治性和时代性。在当前百年未有之大变局的时代背景下，我们只有统筹好文化与其他安全要素的关系、平衡好文化民族性与世界性的关系、牢牢坚持文化的政治属性与发展属性，才能筑牢国家安全的文化屏障。

文明冲突? 还是文明交融?

2019 年 4 月 29 日,时任美国国务院政策规划司主任的基伦·斯金纳公开将中美关系界定为"文明较量",宣称美国正在制定基于"文明冲突"的对华政策。一石激起千层浪。虽然斯金纳在抛出此番言论不久就被"炒鱿鱼",但美国国务院并未否定其说法的真实性。考虑到近年来美国军政要员一系列极具意识形态色彩、鼓吹对中国发动"政治战"的论调,斯金纳的言论未必无因。显然,一场美国主导的针对中国的意识形态围剿,风雨欲来……

时隔半个月左右的 2019 年 5 月 15 日,中国成功举办"亚洲文明对话大会",中国国家主席习近平在开幕式致辞中强调:"人类只有肤色语言之别,文明只有姹紫嫣红之别,但绝无高低优劣之分","认为自己的人种和文明高人一等,执意改造甚至取代其他文明,在认识上是愚蠢的,在做法上是灾难性的。"会议还通过了《亚洲文明对话 2019 年北京共识》,呼吁"不同文明之间应当相互尊重、包容互鉴……共同谱写'各美其美、美美与共'的文明华章。"不同于美国一些政要鼓吹的"文明冲突论",中国倡

亚洲文明对话大会
Conference on Dialogue of Asian Civilizations

文化与国家安全

导的是"各美其美、美美与共"的命运共同体理念。在当前百年未有之大变局的背景下，面对地缘竞争、"逆全球化"、民粹主义乃至突发公共卫生事件等非传统安全的冲击，如何让这个世界更加和平与繁荣，中国和美国给出了"文明交融"与"文明冲突"两副截然不同的药方。孰是孰非，不言自明。不过，双方都强调了文明或者文化在处理国际关系时的重要作用，都暗示了文明或者文化是国家利益的核心要件，与国家安全息息相关。

事实上，文明或文化与国家安全的关系并不是一个新议题。人类历史在某种程度上就是不同文明相互碰撞、兴衰沉浮的历史。斯塔夫里阿诺斯在《全球通史》一书中指出："1500 年以前，人类社会均处于不同程度的彼此隔离的状态之中，但 1500 年是人类历史上的一个重要转折点。"地理大发现之后，不同文明之间的接触、交流、碰撞增多。在长达数个世纪的西方殖民扩张史中，西方文明不断挤压、侵略乃至消灭其他文明，许多国家和民族都陷入"亡国灭种"的危机。在西方"文明扩张""文化殖民"之下，安第斯和中美洲文明被消灭，印度文明、伊斯兰文明和中华文明也都在惊慌落败中陷入深重的文化危机。即使在西方文明内部，不同主权国家之间的对抗与冲突也异常惨烈，第一次世界大战和第二次世界大战就是由西方内部冲突引起的，是同一文明体系内部的文化冲突。二战结束后，世界进入美苏对抗的冷战格局，意识形态成为主导国家间关系的最重要变量。意识形态不能与文化相等同，却是文化的政治属性所在。

冷战结束之后，文化对国际关系以及国家安全的影响更加明显。一方面，冷战期间美苏高压对抗"压制"了其他领域的矛盾，两极格局瓦解使这种"压制"作用消失了，宗教、民族等"被压制"的矛盾得以释放。就像高温下的高压锅盖被突然揭开，里面蒸汽迅速喷涌出来一样。苏联解体、南联盟分裂，导致相关地区爆发车臣战争、波黑战争乃至后来的克里米亚危机等激烈的军事冲突，即是典型例子。另一方面，资本主义与社会主义两大阵营对抗的结束，大大促进了世界各地人员交流，全球化迅猛发展，不同文化之间的接触急剧增加。但全球化加剧了不同国家、不同群体之间的不平等，加之移民、难民等问题的滋生蔓延，"身份政治"问题日益突出，关于"我是谁"的认同焦虑增大。其结果是，不同文化背景的群体之间的裂痕似乎并未缩小，很多时候甚至是扩大了。与此同时，西方世界欢呼冷战的胜利，并积极在全世界推广其所谓自由民主的普世价值。事实上，冷战结束至今，无论是"民主和平论""历史终结论"，还是"文明冲突论""新干涉主义"，抑或是近几年的强人政治上升、民粹主义抬头，其背后都有强烈的文化因素驱动。

国家可以没有文化吗？

要回答文化与国家安全的关系，首先要回答什么是文化。汉语中最早论述文化的，或许可追溯到《易经》，所谓"观乎天文，以察时变；观乎人文，以化成天下"。在这里，文化的意思是"文治与教化"。英语里的文化"culture"源于拉丁文"colere"，其最初的意思是"土地耕耘、作物培育"。此后，文化的内涵外延不断演进，学术界关于文化的定义也繁杂多样。1952年，美国人类学家克罗伯和克拉克洪在《文化：关于概念和定义的回顾》一书中，列举了1871—1951年间学术界关于文化的164种定义，包括描述性、历史性、行为规范性、心理性、结构性、遗传性等类别。中国学者对文化的理解也不尽相同。有学者认为文化是"知识、信念、艺术、道德法则、法律、风俗以及其他能力和习惯的复杂整体"，也有学者认为文化是"通过某个民族的活动表现出来的一种思维和行动方式，一种使这个民族不同于其他民族的方式"，还有的学者干脆将文化等同于"社会化"。

随着社会科学的不断发展、对文化的研究不断深入，人们对文化内涵外延的讨论日益丰富。时代发展更是不断催生出形形色色的"亚文化"，比如"网红文化""二次元文化""鬼畜文化"等等。总体上看，对文化比较全面的定义是"人在社会实践中认识、掌握和改造客观世界的一切物质活动和精神活动及其创造和保存的一切物质财富、精神财富和社会制度的发展水平、程度和质量的总和整体"。通俗地讲，文化就是人类社会的所思所想和所作所为的总合。从国家层面看，文化的内涵已经超越"教化""学识"层面。我们可以说某个人"没有文化"，但绝不能说某个国家"没有文化"，因为任何国家都有自己的文化。此外，文化不仅仅是像许多人所想的仅限于"观念"层面（如语言文字），还包括"器物"和"制度"，比如民族服饰、印度的种姓制度、中国特色社会主义制度等。

从国家安全的角度看，文化包括一个国家的文化主权、本民族的文化特质、政治制度和意识形态、国家主流价值观等。文化既是与经济、社会等要素共同构成国家安全的重要内容（如语言文字安全、政治制度安全），同时也是影响国家安全、实现国家安全的重要手段（如文化霸权、文化与民族凝聚力的关系）。美国、日本、俄罗斯、法国、德国等主要大国，都在一方面竭力维护本国文化的独立性、独特性，另一方面也出台了很多文化产业扶持政策，在全球扩大本国文化的影响力，将"文化外交"作为对外政策重要手段。拿破仑说过："世上有两种力量：利剑和思想；从长而论，利剑总是败在思想手下。"美国的好莱坞、日本的动漫、法国的法语联盟、中国的孔子学院，实际上都异曲同工。大家都知道印巴矛盾根深蒂固，但两国的文化纽带又非常紧密，2008 年时任印度外长慕克吉（后曾出任印度总统）出访巴基斯坦，携带的是 4 套《宝莱坞：60 年的罗曼史》的音乐碟片，这对缓和双边关系起到了很好的作用。

此外，文化具有鲜明的民族性、政治性和时代性，这些特性也决定了其与国家安全密切相关。文化的民族性指的是一个民族所具有的、区别于其他民族的文化特质，或者说是"民族的性格"。我们反对民族优劣论的说法，但不同民族的文化特性确实有着很大不同，并在很大程度上影响了一个国家和民族的安全程度。犹太人历经近 2000 年的流浪史，但最终在犹太文化的感召力和凝聚力之下实现复国，流浪民族吉普赛人却迄今仍处于无根无蒂、漂泊异国他乡的状态。在中东地区的不少阿拉伯人，对部落的认同超过对国家的认同，严重影响了国家凝聚力。中国"天下兴亡、匹夫有责"和"大一统"的思想，是中国"中央集权"制度的文化基因，并确保了中华民族历经磨难而延绵至今；而同样拥有古老文明的印度，却因为种姓制度、村社组织在维系社会中的强大作用，形成了"弱国家、强社会"的政治文化。显然，文化所孕育的民族性与国家和民族的凝聚力、向心力直接相关。

文化的政治性指的是文化具有强烈的意识形态特征，其关系到国家政治制度的存亡。文化既然依赖于人类活动，就必然会反映文化创造者的价值观。毛泽东同志早就说过："文化是反映政治斗争和经济斗争的，但它同时又能指导政治斗争和经济斗争。"福山的"历史终结论"曾收获很多拥趸，许多人认为冷战后的世界将是西方意识形态一统天下。但是,西方倡导的"普世价值"是由西方文化主导的,是基于西方历史经验和国情社情形成的,是服从服务于其自身国家利益的。20世纪80年代,苏共开始搞"指导思想多元化",削弱了社会主义意识形态的主导地位,结果导致了苏联解体的悲惨局面。冷战后愈演愈烈的西方与伊斯兰世界的矛盾,虽有历史的原因,但很大程度上也是西方推行"普世价值"在伊斯兰世界引发反弹的结果。

文化的时代性指的是文化是特定时代的产物,同时也要适应时代的发展。只有能够适应时代发展的文化,才能保持其旺盛的生命力,才能有利于国家安全。无法适应时代发展甚至阻碍时代发展的文化,则是糟粕文化,对国家安全弊大于利。晚清以来中国的主权危机,很大程度上就是文化危机。闭关锁国的政策、"天朝上国"的自大、重农轻技的传统文化,使得中华民族在西方坚船利炮的冲击下,遭受了"百年屈辱"。中华民族救亡图存的历程,也是中华文化不断反思、变革的过程。直至中华人民共和国成立和中国特色社会主义意识形态确立,才使中华民族走上了民族复兴之路。同样,环顾世界,一些在二战后实现民族独立的国家,很大程度上是由于没有实现与时俱进的文化变革,始终无法实现真正的政治独立和经济繁荣。

一方水土一方人

中国有句老话叫"一方水土养育一方人"，这里的"水土"既是指地理层面的，也是指文化层面的。我们在谈论某个民族时，脑海里首先浮现的是这个民族的独特性格，比如犹太人的精明、法国人的浪漫、拉美人的热情、俄罗斯人的坚韧、德国人的严谨、日本人的集体主义等等。还有一句话就是"性格决定命运"，它强调性格比学识、外表等更决定个人的命运。对个人来讲如此，对国家来讲也是如此。一些自然资源禀赋优异的国家，最终陷入了"资源的诅咒"，而一些资源有限的国家却"穷则思变，变则通，通则达"，实现了较好的国家发展。2019 年底暴发而后蔓延至全球的新型冠状病毒肺炎疫情（Covid-19），则从"戴不戴口罩"这一侧面，诠释了文化、民族性与国家安全的关系。

在本国发生新冠肺炎疫情之后，中国、日本、韩国、新加坡等东亚国家迅速采取了严格的疫情防控措施，包括鼓励或强制人们在公共场合佩戴口罩，而欧美等国家或地区则未能及时采取措施，以致其感染人数和死亡率都非常高。与许多发展中国家相比，发达国家拥有相对健全的公共卫生体系，却依旧未能抵御住疫情的袭击，个中原因值得深思。虽然卫生专家一再强调，佩戴口罩是疫情防控的重要措施，但欧美国家的一些民众始终不愿意佩戴口罩，有的领导人甚至还反对佩戴口罩。其实，戴不戴口罩背后折射的是不同的文化认知，欧美许多民众认为"只有病人才需要佩戴口罩"，而东亚国家民众则普遍认为"佩戴口罩有助于防止生病"。显然，在危机时刻，对于口罩的不同文化认知，已经对国家安全产生了重要影响。

从国家安全的角度，"性格决定命运"大致可以概括为三句话：第一句是文化影响政治性格，其关乎国家和民族的政治凝聚力；第二句是文化影响经济性格，其关乎国家和民族的经济发展动力；第三句话是文化影响外交性格，其关乎国家对外战略文化。需要强调的是，重视文化与国家性格的关系，并不是宣扬所谓的"文化宿命论""文化优劣论"。相反，不同文化之间并无高低优劣之分，而且文化并非一成不变，其在影响着民族性格和民族命运的同时，也在经历着被塑造、被改造的过程，在变革与扬弃中实现自我发展。

在政治性格层面，文化影响着国家和民族的政治凝聚力。政治凝聚力是国家实现国家安全的基础保障，很难想象一盘散沙的国家，能够有效维护国家安全。正因如此，许多国家都非常重视对国家和民族共同文化身份的塑造，以此强化政治凝聚力。美国虽然是个多民族国家，但非常重视培育本国的文化独特性和优越性。从美国领导人的讲话到美国文化产品的宣传，如"美国梦""美国精神""美国价值观"等，这既是对外推广美国文化之举，更是对国内民众进行国家文化的塑造、国家认同的强化。托马斯·潘

恩在代表作《常识》里宣称："我们拥有使世界重新开始的力量。"
"天定命运""上帝选民""山巅之城""民族熔炉""美国例外"
等理念，以及美国总统几乎每次重要讲话都以"上帝保佑美国"
结尾，实际上都在不断强化美国的国家凝聚力。据《不战而屈人
之兵：美国的全球舆论战》一文不完全统计，美国国防部和好莱
坞联合制作了700多部电影，包括大家熟知的《巴顿将军》《拯
救大兵瑞恩》《第一滴血》《珍珠港》等。美国好莱坞电影中的战
争片、谍战片乃至科幻片，很大一部分都是以"国家安全"为题
材。这些影片的重要目的是塑造美国军人保家卫国和人道主义的
英雄形象，以激发民众的爱国情绪。因此，无论是一战、二战、

冷战还是"9·11"事件，美国都能在危机面前迸发出强大的国家凝聚力。

德国和日本也是民族凝聚力非常强的国家。德意志民族在历史上曾长期处于"有民族、没有国家"的状态，诗人歌德甚至曾发出"德意志啊，你的祖国在哪里"的慨叹。19世纪初，"德意志国家主义"逐渐兴起，直至1871年普鲁士王国统一诸多德意志邦国，建立将奥地利排除在外的"德意志帝国"，极大增强了德意志民族的国家意识和民族凝聚力。虽然在后来的历史进程中，受列强之间的矛盾以及本国民族沙文主义的影响，德国参加了第一次世界大战并挑起第二次世界大战，给人类带来了惨痛的灾难。但德国在战后废墟中能迅速重新崛起为世界强国，与其文化在凝聚国民意志上的作用密不可分。与德国类似的例子还有日本。日本在明治维新之后特别强调国家意识，强调个人对集体的服从、下级对上级的服从，突出"集团意识"和"羞耻文化"，这使得日本的民族凝聚力特别强。

中国是世界上唯一文明未曾中断、政治高度统一的国家。英国历史学家汤因比曾如此赞叹："几千年来，中国人比世界上任何民族都成功地把民众从政治文化上团结起来，显示出这种在政治上、文化上统一的本领。""车同轨，书同文，行同伦"，确保了中华民族历经五千年的风和雨，却能始终保持国家之统一和文明之延续。此外，儒家文化中"治国平天下"的士大夫精神、

"大一统"的国家主义政治文化，赋予了中央集权式的强政府深层的文化基因，也使得中国在"国家建构"方面非常早熟。美国学者福山认为："中国最先创造了现代意义上的国家……对中国的定义就是共同的书面语、经典著作、官僚机构的传统、共同的历史、全国范围的教育制度、在政治和社会的层次主宰精英行为的价值观。即使在国家消失时，这种统一文化的意识仍然炽烈。"因此，中华民族的历史是民族融合的历史，中华文化有很强的统一性和延续性，共同的文化孕育了强大的国家主义。虽然有人通过放大某个历史片段或个别事件，断章取义地抨击"中国社会一盘散沙"，但历史已经并将继续证明，中华民族具有强大的凝聚力。

与之形成对比的是印度。印度在历史上从未形成大一统的中央集权国家。即使是强盛的孔雀王朝、莫卧儿王朝，很大程度上也是"合而不统"。此外，印度教的等级制度构成了巨大的社会网络，社会秩序的组织动力是由印度教提供的，不需要国家帮忙。以种姓制度为主体的等级制度，极大制约了印度国家意识的形成，使得印度长期以来处于"软弱国家和强势社会"的局面。政治力量的多元化和碎片化，解释了为何英殖民者对印度采取"英属印度"和"土邦"两套管理体系，为何英殖民者可以在印度不同政治力量中间很成功地搞"分而治之"，为何印度教教徒与伊斯兰教教徒的矛盾迄今仍难以消弭，为何地方政治家族迄今仍在印度政坛占据举足轻重的地位。2019 年第 17 届人民院（议会下院）大选中，来自政治家族的议员占总议员人数比例高达30%，创下历史新高，在一些地方政党中的比例甚至是 100%。难怪有人说，政治层面统一的印度在英国殖民统治之前是不存在的。印度民众对本民族、本地区的认同感很强，即使在独立之后数十年的国家建构过程中，形形色色的族群、宗教、语言、部落、亚种姓等，依然影响着国家认同的建构，全国性政党需要依赖地方政治势力才能妥为执政。

可以作对比的例子还有中东地区的以色列和阿拉伯国家。以

> 耶路撒冷古城墙考古，发现2600年前带希伯来语名字的印鉴

文化与国家安全

色列是犹太复国主义的产物，其诞生和发展壮大的灵魂是犹太文化。犹太文化具有"教族合一"的特性，犹太教的宗教仪式、文化典籍以及希伯来语，强化了犹太民族的自我认同，是其历经近2000年流散而"形散神不散"的文化根基。反观中东地区的阿拉伯国家，"部落"在阿拉伯国家政治架构中占有极其重要的位置，它不同程度弱化了国家认同。美国著名政治学者塞缪尔·亨廷顿认为："在阿拉伯世界中，现存国家的合法性颇成问题，因为它们大多数是欧洲帝国主义任意（即便不是反复无常地）制成的，它们的边界甚至常常与族群的界限不一致……这些国家把阿拉伯民族分割开来。而另一方面，一个泛阿拉伯国家从未实现过。"有人甚至称一些阿拉伯国家不过是"有旗帜的部落"，信奉的是"小集团和大信仰"，小集团指部落，大信仰指伊斯兰教，而对民族国家的认同却一直缺位。这种说法并不完全准确，但却生动地揭示了阿拉伯人身份构建中"我是谁"的困惑。

在经济性格方面，文化影响着一个国家和民族的经济发展动力，影响着维护国家安全的资源和手段。经济实力与国家安全并不必然成正相关关系。甲午战争时期，中国的国内生产总值超过日本，拥有号称"亚洲最强"的北洋水师，却被日本击败。中东的沙特阿拉伯、阿联酋等产油国"富得流油"，但很大程度上需要依靠美国的安全保障，才能有效应对外部安全威胁。不过换个角度看，我们也必须承认，经济发展水平直接影响国家维护国家安全的资源和手段。经济大萧条是诱发第二次世界大战的重要因素；经济发展滞后冲击苏共执政合法性、引发社会不满，是导致苏联解体的重要原因；印度国内政治在 20 世纪七八十年代的动荡和碎片化，也与当时国内经济发展乏力从而激化不同群体矛盾有关。简单说，"钱不是万能的，但没钱是万万不能的"。"钱"并不一定能转化成"枪"，但"枪"需要"钱"来转化。在大国（特别是实际拥有核武器的国家）之间爆发大规模军事冲突几无可能的情况下，经济实力的较量对国家安全至关重要。

文化民族性与经济发展的相关性很大。德国思想家马克斯·韦伯认为："如果我们能从经济发展史学到什么，那就是文化会使局面完全不同。"他在《新教伦理与资本主义精神》一书中提出，新教徒的理性、勤奋、时间观念强等特征，促进了现代资本主义的兴盛。20 世纪 70 年代以来东亚经济体的群体性崛起，以及华人华侨在东南亚经济生活中举足轻重的地位，引起了人们对儒家文化和经济发展之间关系的思考。1968 年，瑞典学者冈纳·缪尔达尔耗时 10 年完成的《亚洲的戏剧：对一些国家贫困问题的研究》一书出版，其结论之一是"受宗教深刻影响的文化因素是南亚现代化面临的主要障碍"。

人们对拉丁美洲、撒哈拉以南非洲地区经济社会发展的探讨，很多时候也归咎于文化因素。比如，1979 年，来自墨西哥的诺贝尔文学奖获得者奥克塔维奥·帕斯认为，有没有进行宗教改革并开启由此引起的政治和社会变革，是北美洲和拉丁美洲国家发展速度不同的重要原因。即使在同一个国家内部，不同文化背景的族群也呈现出不同的发展水平。以美国为例，拉美裔和非洲裔在社会地位、经济收入、高等教育水平等方面，都处于弱势地位。哈佛大学教授劳伦斯·哈里森曾任美国国际开发署拉丁美洲和亚洲问题的顾问，著有《不发达是一种心态》《泛美论》《多元文化主义的终结》等著作，他一针见血地指出，在美国提出"伟大社会"设想和"向贫穷宣战"几十年之后，为何贫穷依然存在？为何拉美裔美国人有 30% 仍处在贫困线之下，黑人有 27% 还生活在贫困线以下？其答案就是文化价值观。《国富国穷》的作者戴维·兰德斯认为，如果考虑到文化因素，人们不应对二战后日本和德国的经济成就感到奇怪。当然，影响不同国家、不同民族经济发展水平的因素很多，我们认可不同的文化影响着不同的经济发展水平，但也不是简单、机械地将文化与经济发展水平画等号，更不能陷入某些国家宣扬的"种族优劣论"陷阱。突出文化与民族经济性格的关系，是希望在强调"文化基因"的同时，进行"文化扬弃"，保持文化的时代性与先进性。

在外交性格方面，就是文化特性决定不同国家和民族的战略文化，并影响到对外政策和国家安全。纵观美国的对外政策史，"扩张性"或者"向外输出价值观"是其重要特征。其文化基因可以溯源到美国独立建国后对自身"上帝选民""美国例外论"

的文化建构，使得其对外政策有很强的"宗教使命感"。从19世纪的"门罗主义"到一战后的"威尔逊主义"、二战后的"自由世界的领导者"，再到冷战后日益重视的人权外交、人道主义干涉，美国都将自己视作"拯救者民族"和其他各国人民的"榜样"。1941年，创建和拥有《时代》《财富》《生活》三大杂志的亨利·卢斯称："美国是自由和正义理想的源泉，在只有美国知道什么对于其他民族是最好的前提下，美国将作为仁慈的霸权，或父亲般的权威来发挥作用。"美国前国务卿基辛格博士也说过，没有一个国家像美国那样"一厢情愿地认定美国的价值观是放诸四海皆准的"。不过，美国的这种外交战略文化，既赋予其外交政策强烈的价值观色彩和感召力，在特定的历史时期成就了其世界霸主的地位，同时也因"人所不欲而施于人"的霸权行径，引起了许多国家的反感，甚至引发了局部地区冲突，对本国及他国的国家安全都造成影响。最鲜明的例子是伊拉克战争和阿富汗战争，美国给对象国带去的并不是"国泰民安"，而是冲突与内乱。

文化对俄罗斯的对外战略和国家安全也有很大影响。亨廷顿将俄罗斯称为"无所适从的国家"，拜占庭的强大影响、蒙古人的长期统治、布尔什维克革命的无产阶级意识形态，以及斯拉夫民族的民族自豪，相互交织、彼此影响，使得俄罗斯形成了独特的战略文化。俄罗斯学者尼古拉·别尔嘉耶夫在《俄罗斯思想》一书中指出："俄罗斯是极其特殊的国家，将巨大的东西方两个世界结合在一起。在俄罗斯精神中，东方和西方两种因素永远在相互角力。"俄罗斯的国徽是目光凌厉的"双头鹰"，它生动地展现了俄罗斯在东西方之间的注视和抉择。此外，遭异族入侵的历史记忆加之东正教的救世主精神，使得俄罗斯的对外战略有很强的危机感和扩张性。这也解释了军队等强力部门为何始终在俄罗斯权力架构中占据重要位置：强力部门作为"枪杆子"和"刀把子"，是俄罗斯或抵御外敌或对外扩张的重要力量。此外，俄罗斯民族在抵御拿破仑、希特勒的铁蹄入侵时，展现出了顽强的耐力和韧性，却未能避免苏联的轰然倒塌。诚如利哈乔夫在《解读俄罗斯》一书中感叹的："俄罗斯民族是一个极端性的、从一端迅速而突然转向另一端的民族。这是一个历史不可预测的民族。"

为什么红旗不能倒？

1991 年 12 月 25 日，隆冬的莫斯科红场，象征苏维埃社会主义共和国联盟的镰刀锤子旗在克里姆林宫的旗杆上徐徐降落，取而代之的是俄罗斯联邦共和国的白、蓝、红三色旗。苏共在有 20 多万党员时"建国"，在有 200 多万党员时"卫国"，却在有 2000 多万党员时轰然倒下。曾经的超级大国苏联以如此悲壮的方式退出历史舞台，令人唏嘘。

同一天，美国总统乔治·布什发表声明称："美国欢迎和支持新的独联体国家所做出的倾向于自由的历史性选择……这些事件虽有可能造成不稳定和混乱，但它们显然符合我们国家的利益。"在这场意识形态斗争中，美国取得了最终的胜利。美国学者福山甚至提出"历史终结论"，认为"西方自由民主已取得最终胜利，再没有什么意识形态力量可以挑战西方的自由民主"。

苏联的解体对国际格局造成根本性冲击，可以说是 20 世纪最重要的"国家安全事件"之一。关于苏联解体的原因有很多解释，经济的、宗教的、民族的。但毫无疑问，美国对苏联持续的意识形态进攻，起到非常重要的作用。美国学者贝科威茨在《美国对外政策的政治背景》一书中指出："可以有把握地说，战后时期几乎每一项重要的美国对外政策决定，都是对某一觉察到的或明显的共产主义威胁做出的反应。"有中国学者更是一针见血地指出，"美国是当代世界意识形态色彩最强的国家之一，而共产主义学说和价值观是美国自建国以来在意识形态方面遭遇到的最完整、最强大的挑战。因此，从国家生存的角度来说，美国对共产主义运动及其意识形态的反应比其他一些资本主义国家更为敏感、更为激烈，甚至有时表现出近乎失态的歇斯底里。"

从意识形态领域看，文化与国家安全处于何种关系？ 18 世纪末，法国哲学家德斯蒂·德·特拉西最早提出"意识形态"一词，其最初的意思是"思想的科学"。19 世纪初，意识形态逐渐和国家安全挂上钩。有学者研究发现，当拿破仑的军事战役陷入困境、在国内外的地位受到削弱时，他就会归咎于"意识形态家"学说的影响，批评其是"秩序、宗教和国家的破坏者"。此后，很多政治学家、哲学家都赋予意识形态不同的定义，催生了自由主义、法西斯主义、民族沙文主义、马克思主义等各种"主义"。意识形态从最初的"中性词"变成带有强烈政治色彩的词汇。各种意识形态之间的碰撞、对抗、冲突加剧，夹杂着民族矛盾、阶级矛盾，与国家安全的关系也日益密切。

二战期间，美国总统罗斯福宣称"我们的安全依赖于我们与其他国家说话并赢得他们支持的能力"，并推动成立了新闻协调署、美国之音、国际新闻和文化事务署等，加强对外推广美国的价值观。二战结束后，一些右翼学者提出所谓的"意识形态的终结"，来抨击当时在国际上很有吸引力的社会主义意识形态，《被囚的心灵》《意识形态的终结——50年代政治观念衰微之考察》等，都是当时的代表作。这些论点旨在"扼杀"意识形态争论，突出西方自由制度是人类社会的终极制度，这一点与冷战结束后的"历史终结论"如出一辙。汉斯·摩根索在1948年出版的《国家间政治》一书中写道："国家追求权力的动机披着意识形态的伪装。"

冷战期间的美苏意识形态斗争非常激烈，是攸关政治制度生死存亡之争。关于这一点，美国看得非常透彻。在美国看来，意识形态热忱与战斗力相结合，使苏联对西欧构成巨大威胁，而美国应当"把世界从极权主义解救出来"。1947年3月，杜鲁门发表了标志着"杜鲁门主义"诞生的演讲，称世界面临"两种生活方式的选择"："第一种生活方式是以多数人的意志为基础的，突出表现为自由制度、代议制政府、自由选举、对个人自由的保障、言论和宗教自由以及免于政治压迫的自由。第二种生活方式是以少数人的意志强加于多数人为基础的，所依靠的是恐惧与压迫、报纸和广播受到控制、事先安排好的选举和对个人自由的压制。"里根总统1982年在英国议会演讲，号召"发动一场针对苏联极权主义的争取自由的十字军东征"，此后更是公开将苏联说成是"邪恶帝国"。尼克松在《1999：不战而胜》一书中指出，"最终对历史起决定作用的是思想而不是武器"，"假如我们在意识形态领域斗争失利，我们所有的武器、条约、贸易、外援和文化交流都将毫无意义"。

那么，美国又是如何利用文化武器，一步步瓦解苏联的意识形态的呢？苏联前部长会议主席雷日科夫在《大国悲剧：苏联解体的前因后果》一书中，揭露了美国通过煽动民族矛盾、扶持天主教、支持不同政见者、丑化苏联领导人、散播政治谣言等手段，丑化苏共在苏联人民中的形象。英国记者弗朗西丝·桑德斯在深入调查后出版了《文化冷战：中央情报局与文化艺术》一书，揭露了中情局通过设立文化自由大会等非政府组织、资助反共出版物、资助学者访问、举办研讨会等，对苏联及其东欧社会主义国家进行持续的意识形态渗透。中情局着重物色和培养有幻灭感、挫折感的左翼知识分子，特别是曾经加入共产主义运动而后又退出的人，比如乔治·奥威尔，其著作《动物农庄》和《1984》还在中情局资助下被拍成电影。迈克尔·沃勒在《公共外交读本》中指出："图书如同舰船，拥有最坚硬的装甲、最长的巡航半径和最猛烈的火力。"

　　当然，最令人警醒的是，美国对苏联知识界乃至部分有决策权的领导人进行了成功的"洗脑"。后来出任中情局局长的艾伦·杜勒斯早在1945年就说过："人的脑子、人的意识是会变的。只要把脑子弄乱，我们就能不知不觉改变人们的价值观念，并迫使他们相信一种经过偷换的价值观念。我们一定要在苏联内部找到认同我们思想意识的人，找到我们的同盟军。"1963—1964年，美国众议院外交事务委员会的系列听证会报告汇总成册——《赢得冷战：美国的意识形态攻势》。该报告认为："通过通信技术和工具的中介，有可能接触到其他国家重要而富有影响力的那部分人，从而给他们传达消息，左右他们的态度，甚至成功促使他们采取某些果断的行动。然后，这些团体就有能力对他们的政府施加相当大的影响。"

　　1985年戈尔巴乔夫的上台为美国提供了对苏联高层进行"洗脑"的绝佳机会。戈尔巴乔夫1986年第一次提出"全面改革"的概念，并于 1987 年 11 月同时出版英语版、俄语版的《改革与新思维》，标志着其推动的改革由经济领域转向了政治领域。在戈尔巴乔夫"人道的民主的社会主义"鼓动下，苏联社会出现了强烈的历史虚无主义浪潮。一些势力以"重新评价历史"为名，质疑、歪曲乃至否定马克思主义与苏联社会主义革命和建设的历史，引发了苏联社会的意识形态混乱。俄罗斯学者谢·卡拉·穆尔扎在《论意识操纵》一书中指出，西方对苏联社会的"文化核心"进行"入侵"，蛊惑其怀疑并逐步否定社会主义制度的合法性，部分领导人纵容甚至直接鼓吹指导思想上的多元化，更是加剧党内思想混乱。作为苏联解体的亲历者和见证人，苏联前部长会议主席雷日科夫感叹道："如果内部没有一个实际上完全奉行苏联敌人所树立目标的第五纵队，而只靠外部力量，谁也不能把我们的国家怎么样"，但"（戈尔巴乔夫的）改革向人们发出对苏联整个制度进行诅咒的信息，似乎苏联的意识形态是改革的敌人，戈尔巴乔夫甚至主动要求西方帮助苏联进行改革"。从意识形态的溃败到国家政权的丢失，苏联的解体印证了马克思的那句话，即："一定的意识形态的解体足以使整个时代覆灭。"

冷战结束后，意识形态的斗争并未结束。西方继续在全球推广其价值理念，许多发展中国家照搬照抄、盲目移植西方制度，出现了脱离本国发展阶段、背离本国国情社情的"水土不服症"，一些国家还出现了本土势力对西方价值观和制度进行反抗，从而导致政治碎片化、政局趋于动荡的结果。亨廷顿认为："西方正在并将继续试图通过将自己的利益确定为'世界共同体'的利益来保持其主导地位和维护自己的利益"，"但西方人眼中的普世主义，对非西方来说就是帝国主义"。虽然亨廷顿所说的"文明冲突"夹杂着意识形态冲突，但"人权""民主""宗教自由"乃至"反恐"等，都成为西方在政治上推广其普世价值的旗号。从格鲁吉亚的"玫瑰革命"到乌克兰的"橙色革命"、吉尔吉斯斯坦的"郁金香革命"，以及突尼斯"茉莉花革命"引发的西亚北非局势动荡，林林总总的颜色革命是当前意识形态领域斗争激烈的生动写照。

在西方许多右翼保守力量眼中，社会主义中国是政治上的"异类"和"眼中钉"。正如邓小平同志指出的："可能是一个冷战结束了，另外两个冷战又已经开始。一个是针对整个南方、第三世界的，另一个是针对社会主义的。西方国家正在打一场没有硝烟的第三次世界大战。所谓没有硝烟，就是要社会主义国家和平演变。"冷战后，美国历届政府虽然手段各异，但从未放弃对华"和平演变"、试图"改变中国"的政策。特朗普政府上台后，美国政府在官方文件中明确称中国为"修正主义国家""战略竞争对手"，在外交、经济、科技、军事乃至人文等各领域采取全政府的对华遏制战略。美国智库兰德公司2018年4月的研究报告《现代政治战》，更是呼吁美国应打好对华"政治战"，以赢得意识形态的"终极胜利"。在此背景下,美国一些反华势力打着宗教、人权等各种旗号,利用涉藏、涉疆、涉港、涉台等问题干涉中国内政,加大对中国的意识形态渗透和政权颠覆活动。政治动荡、政权更迭可能在一夜之间发生,但思想演化是个长期过程。苏联因为没有守住意识形态防线而解体的惨痛教训历历在目,反华势力的对华意识形态攻势不得不防。

看不见的国界线

1993 年乌拉圭多边贸易谈判,针对美国要求欧洲开放文化产品市场的要求,法国正式提出"文化例外"原则,强调文化产品应该从贸易谈判中剔除,并获得欧盟所有成员国的支持。当时的背景是,随着法国综合国力的下滑,法国不仅面临着国际上法语地位的下降,还面临着美国文化对本土文化的冲击,从而引起法国各界有识之士的强烈担忧。有媒体报道,当时美国电影占据法国国内电影市场份额将近八成。作为欧洲大陆文艺复兴的大本营,法国历来重视维护和发扬本国文化,将之作为维护法兰西主权独立、完整、统一的重要手段。实际上,不仅是法国,世界主要大国都非常重视保护本国文化的独立性。中国、美国、俄罗斯、德国、日本、韩国都制定了相应的文化保护和推广政策。

这里涉及"文化主权"的概念。文化主权是国家主权的重要组成部分，是国家主权在文化领域的体现。文化是国家认同的基础，只有维护好文化主权，才能为国家主权提供强大的精神内核。国家是文化主权的载体，没有国家统一，又如何能维护好文化主权？所以，只有有了文化的独立，才有民族的独立、国家的独立。如果丧失本国的文化主权，即使经济再发达、军事再强大，也不过是"没有灵魂的泥足巨人"。马克斯·韦伯在《民族国家与经济政策》中指出："民族国家绝非仅仅是一个单纯的上层建筑，绝非只是统治阶级的组织和'虚构'；相反，民族国家立足于根深蒂固的心理基础。这种心理基础存在于最广大的国民中（包括经济上和政治上受压迫的阶层）。只不过，在通常情况下这种政治本能只沉淀在大众的无意识层次。……正因如此，经济政治领导阶层的特殊职能就是要成为民族政治意识的担纲者。"

历史上，权力的扩张总是带来文化的侵略，因丧失文化主权而丧失国家安全乃至国家主权的例子很多。国人熟知的法国作家阿尔丰斯·都德的《最后一课》，就是很好的例子。该文从一个逃课小学生的视角，讲述了普法战争后法国被割让领土的学校不得教授法语的悲壮故事。正如有学者所称，"一个国家兴衰存亡，常常伴随着其语言文字的兴衰存亡。一个国家的衰落和灭亡，常常伴随其语言文字的衰落和灭亡。"在西方殖民扩张的过程中，许多被殖民国家和民族都丧失了自己的文化主权，后续负面影响持续至今。很多被殖民国家在政治上取得了独立，却未能赢得文化上的独立，殖民者在宗教、语言、教育等方面的影响挥之不去，殖民者的语言甚至仍是许多被殖民国家的官方语言。这必然导致接受殖民者文化的精英群体和接受本土文化的广大民众之间的隔阂，不利于国家的长治久安。比如我们的邻国印度，英语作为其官方语言在精英层普遍使用，这虽然给其带来了与西方"接轨"的便利，但同时也使得国内西方化精英与本土精英之间、西方化精英及精英层与广大不懂英语的普通民众之间存在巨大的心理隔阂。

再以中国为例，中国晚清以来的国家主权危机，很大程度上就是文化主权危机。在李鸿章所说的"三千年未有之大变局"之下，中国在政治、经济、文化等各方面都受到列强的冲击。传统的文官制度、礼法制度、教育制度，都受到猛烈冲击，其影响超过历史上任何时期的改朝换代。有国内学者在《文化主权与国家文化软实力》一书中论述道："与一时一地的政治危机和社会危机相比，这种文化认同的危机，无疑是更为深重的。以往王朝更迭而文化不灭的历史显然再也难以为继，即便不认同一时一地的王朝也可以认同中国文化的传统模式的做法（将政治认同与文化认同区分开来）也不再可行，因为'中国文化'存在的合法性根基已不复存在"，"当这种文化上的等级结构（西强我弱）内化为中国人的潜意识时，中国不仅再也难觅高度自信的盛唐文化图

景，而且随着'新文化运动'的开展，全盘否定、取缔中国文化传统的批判指向，所表征得更多的，恰恰是中国文化软实力与自信力的历史性失落乃至中国文化主权的全面性溃败。"20世纪上半叶，随着救亡图存运动的高涨，这场关于中国文化主权的争论达到了顶峰，其集中体现在"全盘西化"和"本位文化"的道路之争上。胡适、鲁迅、陈独秀等都是"新文化运动"的代表，胡适在1929年的《中国今日的文化冲突》一文中写道，"我们必须承认我们自己百事不如人，不但物质机械不如人，不但政治制度不如人，并且道德不如人，知识不如人，文学不如人，音乐不如人，艺术不如人，身体不如人"，"不要怕丧失我们自己的文化"。

这场论战最终走向了寻求中西融合的道路，而随着 1949 年新中国的成立，国家主权的独立完整有力地保障了文化主权，而文化主权的确立也有助于维护国家主权的独立完整。

冷战结束后，在全球化、信息化、社会化等潮流冲击下，"国家主权"的地位一度受到弱化。民族国家的文化主权受到不同程度的削弱乃至面临生存危机，有学者甚至认为世界迎来了"主权的黄昏"。但几十年过去了，主权国家仍是国际事务最重要的参与者，文化主权也依然是国家主权的重要组成部分。虽然表面上看来，各国围绕文化主权的斗争不如围绕政治主权和经济主权的斗争那样激烈，但文化主权的斗争本质上也是各国政治主权斗争和权力的较量。在特定的历史条件下，文化主权的斗争甚至会以非常鲜明而激烈的方式呈现出来。从国家安全的角度看，文化主权的斗争鲜明地体现在两个层面：如何应对外部文化的冲击，抵御"文化霸权主义"；如何维护好多民族国家统一，防止"民族分离主义"。

"文化主权"与"文化霸权"的关系既反映在发展中国家抵御发达国家的"文化入侵"上，也反映在发达国家对本国文化主体性的维护上。一方面，美国代表的西方发达国家在语言、信息、资本、权力等方面积累的优势，使其能够更强势地向广大发展中国家推广其价值理念和生活方式，甚至可以因政治目的创造出符合其利益的价值符号。从低级政治的饮食、服装、娱乐、影视，到高级政治的政治理念、社会制度，发展中国家都受到发达国家强势文化的影响和冲击。特别是在信息化时代，文化要素被信息化、网络化、数字化，使发达国家在文化传播和文化渗透方面的优势更加明显。

当然，面对发达国家的"文化霸权"，广大发展中国家并非"束手就擒"。邓小平同志早就强调，"西方一些国家拿什么人权、什么社会主义制度不合理不合法等做幌子，实际上是要损害我们的国权"，"国权比人权重要得多"。因为，如果一个国家失去了"国权"，又何谈其政治独立和经济发展？因此，许多发展中国家在自身经济、科技实力增长之后，或者在尝试西方价值观及其制度失败之后，都会转向保护和振兴自己的传统文化，出现各种形式的"传统文化复兴热"。英国历史学家迈克尔·霍华德认为："西方的一种假设是，文化多样性是一个特殊的历史现象，它正在迅速地受到一个共同的、西方取向的、以英语为基础的世界文化的侵蚀，这种文化造就了我们的基本价值观……但这一假设是根本不真实的。"即使亨廷顿在担忧"亚洲的自我肯定""伊斯兰教的复兴"可能影响西方霸权的同时，也不得不承认，"认为非西方国家的人民应当接受西方的价值观、体制和文化，是不道德的"，"在即将到来的时代，要避免文明间大战，各核心国家就应避免干涉其他文明的冲突。但事实是，一些国家，特别是美国，毫无疑问会认为这一点是难以接受的"。

此外，即使在发达国家之间也存在文化竞争的关系。非英语国家更是努力捍卫本国的"文化主权"，避免遭受英语文化的过度侵蚀。以法国为例，对外，法国坚持贸易投资谈判中的"文化例外论"，限制美国文化产品的输入，同时通过设立"法语联盟""法语国家国际组织""法兰西学院""法国国际广播电台"，资助本国图书和电影出口，积极推广法语和法国文化。对内，法国是世界上第一个通过立法对历史建筑采取保护措施的国家，通过《法国博物馆法》《历史建筑外省化试点法》等法律，保护本国历史文化遗产。此外，法国还出台了《自由交流法》《关于法语使用的法案》《广播限额法》等，扩大法语作为国语的使用。根据相关法律，法国电台播放的歌曲中，法语作品至少占40%；除外语类节目外，禁止在电台、电视节目中使用外语，法国境内的出版物必须有法语概述；在法国境内举行的研讨会，法国人必须使用法语做大会发言。法国前总统希拉克曾批评美国"在全世界扩散毫无特色的文化垃圾"，警告称"如果只有单一语言和单一文化，人类将面临真正的文化生态灾难"。另据报道，在美国的推动下，波兰于2000年主办了107个"民主国家"代表参加的、主题为"迈向民主的共同体"的大会，大会通过了宣扬民主价值观的《华沙宣言》。不过，法国拒绝在大会宣言上签字，并批评美国将民主作为"宗教"，"试图强迫其他国家改信这种宗教"。法国当然不是反对所谓的民主制度，而是不愿沦为美国的

"跟班"。与法国情况类似的还有日本、德国等母语为非英语的发达国家。日本早在 20 世纪 80 年代就提出"文化安全建设与国家战略紧密相关"的理念，其背景之一是美国文化中的"个人主义"对日本传统的"集团主义"冲击巨大；德国前总理施密特则在《全球化与道德重建》中指出："保护本国的语言传统是生死攸关的问题……欧洲人和德国人必须谨慎从事，防止全球化侵蚀我们自己的语言乃至文化。"

与"文化主权"和国家安全相关的，还有割裂"民族"与"国族"关系的"民族分离主义"问题。这既包括一些多民族国家内部的少数民族过度夸大本民族文化特殊性、追求民族自治或民族分裂的问题，也包括一些跨国家的民族试图突破现有主权国家界限的泛民族主义活动。

在多民族国家内部，由于长期、复杂的历史原因，各个民族的政治、经济、社会地位会有差异，甚至生存的地理环境也不尽相同，很多问题都需要从国家层面予以协调、平衡。但是，一些民族过分夸大本民族的文化独特性，不认可主权国家的"文化主权"，炒作与其他民族的文化差异性、对立性，甚至提出"民族自决"的诉求，影响国家安全。20 世纪五六十年代，国际上出现了民族独立运动高潮，许多亚、非、拉国家赢得了反对殖民统治的民族独立运动，这无疑是具有进步意义的。但冷战结束之后的所谓"民族自决"高潮则与之完全不同，它们很多是打着"民族自决"旗号搞民族分裂,对国家主权安全构成严重危害。冷战结束后,主权国家内部信仰不同宗教、拥有不同文化的各民族之间的矛盾集中爆发。据不完全统计,1990—2007 年,民族分离主义催生了 25 个被国际社会承认的新国家,造成世界版图的重大改变。另有学者估计,全世界有 5000 多个民族希望成为全国性民族,有 260 多个非主权民族或者非主体民族希望建立民族国家。如果每个民族都要民族自决,岂不是天下大乱?

以苏东地区为例,苏联的解体催生了车臣分离势力。车臣分离武装 1991 年 6 月起草"车臣独立宣言",1992 年 3 月拒绝签约加入俄罗斯联邦。1994 年 12 月,俄罗斯对车臣发动全面军事进攻,此后的数次车臣战争耗费了俄罗斯大量的政治、经济、外交资源,车臣恐怖分子甚至还在莫斯科等大城市制造多起重特大恐怖袭击,严重损害了俄罗斯的国家安全。再以南斯拉夫为例,作为曾经的不结盟运动和 77 国集团的重要成员,其却在冷战结束后陷入了民族分裂引发的冲突动荡,分裂为斯洛文尼亚、克罗地亚、波黑、塞尔维亚、黑山和马其顿 6 个国家,并引发了波黑战争、科索沃战争。即使是非苏东地区的欧洲国家,像英国、比利时、西班牙,也面临国内不同文化族群的分离诉求,比如英国的苏格兰问题、比利时的荷兰语区和法语区的矛盾、西班牙的加泰罗尼亚问题。2017 年 10 月 1 日,加泰罗尼亚地方政府举行"独立公投",并于当年 10 月 27 日宣布独立,引得国际舆论一片哗然。中国也面临分离势力，这些势力否定中华民族的"文化主权"地位，夸大语言、宗教、民族的独特性，寻求境外势力支持，甚至成为美国插手我国内政、破坏我国国家安全的帮凶。

此外，跨越主权国家政治界限的"泛民族主义"，也是对一个国家"文化主权"和国家安全的侵犯。"泛民族主义"分子企图利用语言、宗教、历史等共同的文化记忆，将分散在几个国家或某个地区的相同民族连成"一体"，以达到复活旧的帝国或建立新的政治联合体的目的，实际上造成对现有主权国家的分裂。其中非常有代表性的是"泛突厥主义"。"泛突厥主义"主张将土耳其、俄罗斯、伊朗、阿富汗、中国及中亚诸国境内讲突厥语的民族联为一体，建立"大突厥斯坦"。该思潮形成于 20 世纪初，一战期间曾在土耳其和中亚等地广为传播，二战时成为法西斯主义在土耳其的变种，冷战期间又成为西方对抗苏联的地缘政治武器。冷战结束后，"泛突厥主义"死灰复燃，急欲填补中亚的意识形态和地缘政治空间。土耳其 1992 年推动召开突厥国家峰会，时任土耳其领导人公开表示："我们有共同的根，我们是同一棵大树上的枝杈，如果我们能对这个历史性机会做出评价并避免错误，我们就能把 21 世纪变成突厥人的世纪。"由于文化和政治是难以完全切割的，这种超越主权国家的"泛民族主义"必然会危及国家安全。中亚国家的政界、学界乃至普通民众都有支持"泛突厥主义"的基础，但各国领导人及社会有识之士对"泛突厥主义”仍保持警惕。特别是"泛突厥主义"与"泛伊斯兰主义"的结合，更是对各国国家安全构成挑战。2005年"颜色革命"之后，中亚国家与土耳其的关系一度冷淡。

文昌才能国安

当今世界正处于百年未有之大变局，地缘博弈、民粹政治、非传统安全、技术发展等相互交织，国家安全的内涵和外延日益丰富。我们必须牢固树立总体国家安全观，以史为鉴、以他为鉴，妥善处理文化与国家安全的关系，积极推进社会主义文化强国建设。

首先，统筹好文化与其他安全要素的关系。邓小平同志曾敏锐地指出："中国能不能顶住霸权主义、强权政治的压力，坚持我们的社会主义制度，关键就看能不能争得较快的增长速度，实现我们的发展战略。"习近平总书记也强调："我们既要有硬实力，也要有软实力，既要切实做好中心工作、为意识形态工作提供坚实物质基础，又要切实做好意识形态工作、为中心工作提供有力保障；既不能因为中心工作而忽视意识形态工作，也不能使意识形态工作游离于中心工作。"

文化是国家软实力的重要组成部分，与军事、经济等硬实力相辅相成、辩证统一。文化总是追随着权力，丧失了文化主权、没有民族精神的国家或民族，即使武装到牙齿、富甲天下，也难以屹立于世界民族之林；而脱离了硬实力支撑的文化，其吸引力也将弱化，很难有效保障国家安全。二战后社会主义思潮在全球高歌猛进，与苏联在二战中的巨大胜利和战后经济快速发展密不可分，而苏联的解体也与其经济发展迟缓导致的意识形态吸引力减弱有关。20世纪70年代开始的新一轮伊斯兰复兴运动，背后与中东产油国"石油美元"的推动有关，但对许多伊斯兰国家来说，没有经济可持续发展、国家治理能力提升作为支撑，其宗教复兴很容易"走偏"，对国家安全的潜在威胁不容低估。美国文化在世界范围内的传播，背靠的也是强大的军事、金融和科技实力。

其次，统筹好民族性与世界性的关系。文化具有很强的民族性，但过分强调文化的民族性，则可能陷入狭隘的民族主义或者民族沙文主义；文化有一定的世界性，但如果打着"普世价值"旗号推行一己私利的政治议程，也会引起国家纷争。在当前"逆全球化"与"民粹主义"上升的背景下，我们尤其需要处理好文化民族性与世界性的关系。早在1944年，毛泽东同志就说过："我们的态度是批判地接受我们自己的历史遗产和外国的思想。我们既反对盲目接受任何思想也反对盲目抵制任何思想。我们中国人必须用我们自己的头脑进行思考，并决定什么东西能在我们自己的土壤里生长起来。"

一方面，我们要继续坚持和弘扬优秀传统文化，增强文化自觉和文化自信。一个抛弃或者背叛自己历史文化的民族，不仅不可能发展起来，而且很可能上演一场历史悲剧。另一方面，我们也要坚持"睁眼看世界"，坚持学习和借鉴世界先进文化。我们必须摒弃"鸵鸟政策""闭关锁国"，而应以宽广的胸襟、坚定的自信，不忘本来、吸收外来、面向未来，在开放中发展和壮大自己。王国维先生曾说过："中西二学，盛则俱盛，衰则俱衰，风气既开，互相推助。"荷兰学者冯·皮尔森在《文化战略》一书中也指出："不管是生物学的还是人类历史的经验都已启示我们，凡封闭系统都不可避免地会变得陈旧过时，因而在目前这个时代，文化都必得变成开放的系统。"

再次，坚持文化的政治属性，维护好文化主权与意识形态主导权。世界上没有纯而又纯的文化，文化是与特定的时代背景、政治制度、民族意识相联系的。爱德华·萨义德在《文化与帝国主义》一书中指出："文化成为了一个舞台，各种政治的、意识形态的力量都在这个舞台上较量。文化不但不是一个文雅平静的领地，它甚至可以成为一个战场，各种力量在上面亮相，互相角逐。"苏联解体、东欧剧变，就是在文化领域"不讲政治"的惨痛教训；许多发展中国家也因为盲目迷信西方的意识形态和社会制度，嫁接的政治制度"水土不服"，结果陷入政局动荡、经济停滞乃至族群冲突；法国的"文化例外论"、俄罗斯的"俄罗斯思想"的重塑，都是对本国文化主权的坚定捍卫。

中国拥有历史悠久、传播广泛、体系完整的文化，且坚持走中国特色社会主义道路，势必会引起一些人的心理不适。无论是"中国威胁论"还是"中国崩溃论"，都折射了这种担忧、疑虑乃至恐惧。在美国将中国定性为"战略竞争对手"之后，美国一些反华势力更是渲染中美"制度之争"、鼓吹对华"政治战"，极力推进对华意识形态渗透。正因如此，我们需要通过弘扬优秀传统文化、保护文化遗产、发展文化产业、繁荣哲学社会科学、强化核心价值观等举措，坚定捍卫文化主权和意识形态主导权。绝不能"以洋为尊""以洋为美""唯洋是从"，绝不能热衷于"去思想化""去价值化""去历史化""去中国化""去主流化"，绝不能搞历史虚无主义。

最后，坚持文化的发展属性，适应国家安全现实需要。文化有很强的时代性，只有不断发展创新的文化，才是有生命力的文化，才能更好地促进国家安全。中国曾是世界上最先进的文明国家，但晚清政府在文化上因循守旧、盲目自大，导致了文化危机和主权危机的百年屈辱。站在新的历史起点，我们既需要从中华民族优秀传统文化中汲取营养，为建设现代国家提供深厚的文化滋养，同时也需要培育和壮大与时代发展相适应的文化。比如，我们需要自信地总结中华人民共和国成立以来的改革发展成就，丰富、充实社会主义文化内涵；我们需要适应网络时代的发展特征，培育有利于国家安全的网络意识形态；我们需要将时代发展与中国贡献相结合，在国际舞台上稳步提升中国的话语权。

参 考 文 献

1　中共中央党史和文献研究院编:《习近平关于总体国家安全观论述摘编》,中央文献出版社 2018 年版。

2　全国干部培训教材编审指导委员会组织编写:《推动社会主义文化繁荣兴盛》,人民出版社、党建读物出版社 2019 年版。

3　全国干部培训教材编审指导委员会组织编写:《全面践行总体国家安全观》,人民出版社、党建读物出版社 2019 年版。

4　王沪宁:《文化扩张与文化主权:对主权观念的挑战》,《复旦学报(社会科学版)》1994 年第 3 期。

5　王沪宁:《作为国家实力的文化:软实力》,《复旦学报(社会科学版)》1993 年第 3 期。

6　曹泽林:《国家文化安全论》,军事科学出版社 2006 年版。

7　程工等:《世界主要国家文化安全政策研究》,社会科学文献出版社 2014

年版。

8　关中:《意识形态和美国外交政策》,台湾商务印书馆 2005 年版。

9　胡惠林:《中国国家文化安全论》,上海人民出版社 2011 年版。

10　李金齐:《全球化时代的文化安全研究》,中国社会科学出版社 2008 年版。

11　李艳艳:《美国互联网政治意识形态输出战略与应对》,社会科学文献出版社 2018 年版。

12　刘建飞:《美国与反共主义——论美国对社会主义国家的意识形态外交》,中国社会科学出版社 2001 年版。

13　刘跃进:《国家安全学》,中国政法大学出版社 2004 年版。

14　相蓝欣:《传统与对外关系:兼评中美关系的意识形态背景》,生活·读书·新知三联书店 2007 年版。

15　艺衡:《文化主权与国家文化软实力》,社会科学文献出版社 2009 年版。

16　张宏毅等:《意识形态与美国对苏联

和中国的政策》，人民出版社 2011
年版。

17　张立文、王俊义等主编：《传统文化与
现代化》，中国人民大学出版社 1987
年版。

18　张云莲：《冷战后国际社会的意识
形态冲突》，光明日报出版社 2013
年版。

19　周琪：《意识形态与美国外交》，上海
人民出版社 2006 年版。

20　[美]塞缪尔·亨廷顿、劳伦斯·哈
里森著，程克雄译：《文化的重要作
用：价值观如何影响人类进步》，新
华出版社 2018 年版。

21　[美]弗兰西斯·福山著，毛俊杰译：
《政治秩序的起源：从前人类时代到
法国大革命》，广西师范大学出版社
2014 年版。

22　[美]弗兰西斯·福山著，毛俊杰译：
《政治秩序与政治衰败：从工业革命
到民主全球化》，广西师范大学出版

社 2015 年版。

23　[美]塞缪尔·亨廷顿著，周琪等译：
《文明的冲突与世界秩序的重建（修
订版）》，新华出版社 2010 年版。

24　[俄]尼古拉·伊万诺维奇·雷日科
夫著，徐昌翰译：《大国悲剧：苏联
解体的前因后果》，新华出版社 2010
年版。

25　[美]爱德华·萨义德著，李琨译：
《文化与帝国主义》，生活·读书·新
知三联书店 2003 年版。

26　[俄]尼·别尔嘉耶夫著，雷永生等
译：《俄罗斯思想》，生活·读书·新
知三联书店 1996 年版。

27　[美]查尔斯·库普乾著，潘忠歧译：
《美国时代的终结：美国外交政策与
21 世纪的地缘政治》，上海人民出版
社 2004 年版。

28　[瑞典]冈纳·缪尔达尔著，[美]赛
思·金缩写，方福前译：《亚洲的戏
剧：南亚国家贫困问题研究》，商务

印书馆 2015 年版。

29　[英]安东尼·史密斯著,叶江译:《民族主义:理论、意识形态、历史(第 2 版)》,上海人民出版社 2011 年版。

30　[美]彼得·J.卡赞斯坦主编,秦亚青、魏玲等译:《世界政治中的文明:多元多维的视角》,上海人民出版社 2018 年版。

2

第二章

种姓制度与印度
历史上的动荡

很长一段时期，至少在英国 1859 年于印度[1]确立直接殖民统治之前，印度与其说是一个政治概念，不如说是一个地理范畴，即印度次大陆，[2]主要指喜马拉雅山以南的这块南亚大陆；在贾瓦哈拉尔·尼赫鲁等印度国大党人 1947 年独立建国之前，印度与其说是一个国别名称，不如说是一个文明符号，指在这片南亚大陆上枝繁叶茂的以印度教为内核的印度文明。

印度这片被雪山与大海环抱的大陆天赋异禀、自成一体，拥有诸多自然与地缘之利，但历史上更多呈现的却是一盘散沙的分离状态与冲突局面，且饱受侵略，而

1　在 1947 年 8 月摆脱英殖民统治之前，英属印度包括现在的印度、巴基斯坦、孟加拉国、锡金，甚至一度包括现在的缅甸。

2　印度的地理环境很独特，北靠雪山、三面临海的地形使之成为有别于其他亚洲部分的一个独立整体，故又常被称为"印度次大陆"。

非大一统的封建王朝或强盛帝国。美国历史学家斯塔夫里阿诺斯在其专著《全球通史》中指出："印度与中国不同，在中国，是长期的帝国统一间隔以短暂的分裂；而在印度，则恰恰相反，是短暂的统一和长期的分裂。"印度历史分多合少的纷乱与中国的大一统历史形成鲜明对照。中国统一期与分裂期的时间比约为 7:3，而印度则不到 3:7。

究其原因，一切都要从印度博大精深的传统文化基因中去探源。

尼赫鲁的忧思

摆脱殖民统治前夜，印度开国总理尼赫鲁在其 1945 年年底付梓出版的名著《印度的发现》里写道："印度以它现在所处的地位，是不能在世界上扮演二等角色的：要么就做一个有声有色的大国，要么就销声匿迹，中间地位不能引动我，我也不相信任何中间地位是可能的。"

这段被国内学人无数次引用的话语与其说折射出尼赫鲁对未来印度大国诉求的理想期待，不如说表达了他基于历史之乱而生发出的对未来印度发展前景的深深担忧。

尼赫鲁虽然深信，以印度拥有的独特地缘优势、自然禀赋及其所继承的丰厚殖民遗产，印度本可以也应该在国际舞台做一个"有声有色的大国"，但他更担心的则是印度有可能因历史惯性而坐失大国之势，沦为国际社会的"二等公民"，甚至"销声匿迹"。

尼赫鲁的担心不无道理。基于对印度教传统文化的深刻认知，尼赫鲁清醒地意识到，这种传统文化及其孕育千年的民族性与国家现代化、大国崛起之间存在着某种张力。印度的历史就是一面镜子。马克思的那句"印度本来就逃不掉被征服的命运"更是深深刺痛了尼赫鲁的神经。

公元前 1500 年，雅利安人进入印度大陆并最终确立了印度文明的底色。15 世纪末大航海时代到来之前，印度文明屡遭外来势力经由西北开伯尔山口的侵扰。在中世纪之前的冷兵器时代，可以这样说，谁控制了这个山口，谁就控制了从印度河平原到恒河平原的辽阔北印度。波斯人、马其顿人、希腊人、大月氏人、嚈哒人（也称白匈奴人）、塞种人、阿拉伯人、突厥人、蒙古人等先后经由这个西北豁口入侵次大陆，或劫掠财富，或就地称王。外族频繁入侵往往不是打断或牵制了印度这片大陆的统一步伐，就是进一步撕裂了印度原有的政治版图。一次次的被征服最终导致当今印度成为世界上的"人种、宗教、文化、语言博物馆"。

大航海时代伴随着欧洲工业化文明来临后，葡萄牙、荷兰、法国、英国等欧洲列强则通过海上先后抢滩印度这片大陆。在欧洲列强的船坚炮利面前，仍然活在农耕文明里的印度大陆几乎无险可守。1757 年的普拉西一役使得英国东印度公司在这片大陆站稳脚跟。以此役为起点，这家贸易公司最终不但扫荡了盘踞在印度的其他殖民势力，且最终确立了对印度的绝对统治。400 余万平方公里的疆域最终一统于一家贸易公司，这创造了人类历史的一项"奇观"。显然，这项"奇观"令尼赫鲁这样的印度有识之士难以释怀。

印度的历史本质上就是一部屡遭外来势力袭扰、侵占的历史。印度之所以有这样的历史，答案就在尼赫鲁的《印度的发现》里："种姓制度流行于一个特殊的时代……后来却发展成为社会制度和人类心智的牢狱了。归根结底，完全是以牺牲了后来的进步为代价的。"

当站在新生印度即将日出东方的黎明前夕，饱含外族入侵的印度大历史不得不触动尼赫鲁对国家前途命运的深深忧思：一个摆脱了殖民统治的新印度能否摆脱"历史的周期律"呢？

∨ 1945年，印度开国总理贾瓦哈拉尔·尼赫鲁在喜马偕尔邦首府西姆拉演讲

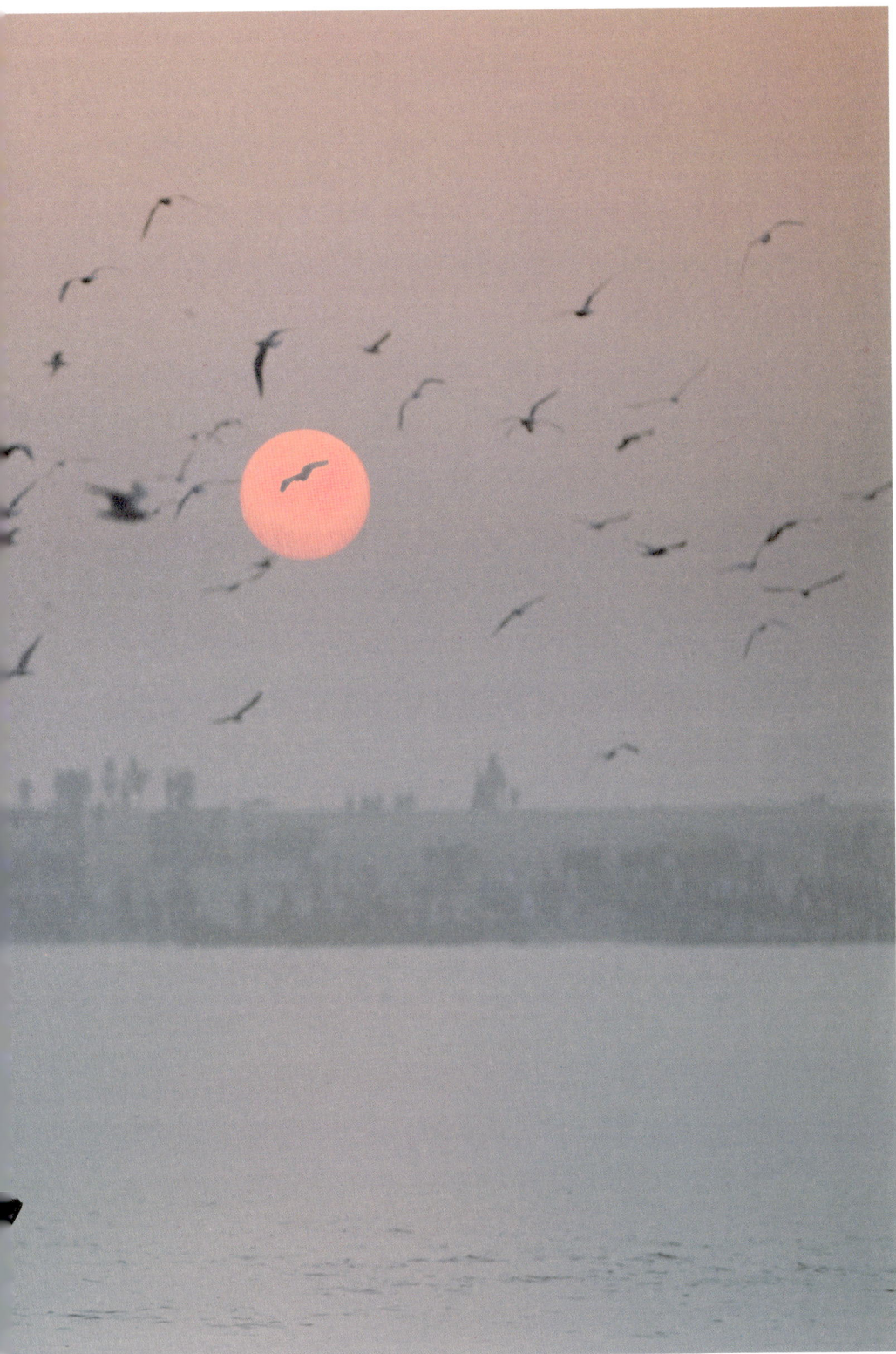

印度恒河旭日

一次又一次被征服

马克思曾一针见血地指出："印度本来就逃不掉被征服的命运，而且它的全部历史，如果要算做它的历史的话，就是一次又一次被征服的历史。"

印度资源富饶且名声在外，因而印度历史上每每成为外族征服与劫掠的对象，而这片次大陆的各种内乱与分离又使外族入侵者屡屡得手。如此，历史循环往复。

印度有文献记载的历史当以公元前1500年雅利安人入主这片次大陆为开端。此后的上千年是雅利安各部落以北印度为大舞台而不断争斗和融合的历史。公元前6世纪初，北印度形成十六国争雄的政治格局。公元前4世纪中叶，以列国霸主摩揭陀王国为基础，难陀王朝建立，并最终一统北印度。史学家将这一历史时期称为"列国时代"，与中国春秋时期大致重合。

列国时代的印度次大陆遭遇了两次大的异族入侵。公元前516年，号称"万王之王""万国之王"的波斯皇帝大流士一世曾率军征服印度西北部地区，并在印度河平原一带建立了波斯帝国的第20个行省。这是有记载的印度雅利安人社会与其他发达文明的第一次接触。印度也由此第一次暴露在西方世界面前。公元前327年，古代世界最伟大的征服者马其顿国王亚历山大大帝在消灭了波斯帝国后继续东征至印度河上游的五河流域。但在摩揭陀国强力抵抗下，加之面临远征军的普遍厌战和病疫折磨，亚历山大不得不离开"这片充满牛奶、蜂蜜和奇花异兽的地方"，班师回朝。亚历山大对印度的征服促进了希腊文明和印度文明的交流与融汇。亚历山大大帝时期的历史学家留下的著述不但使印度历史年代第一次得到确认，而且让印度之富饶传闻于西方世界。

亚历山大的入侵与撤离以及难陀王朝的腐败与宫斗最终成就了孔雀王朝（公元前 324—前 187 年）的崛起。孔雀王朝是印度土生土长的第一个统一帝国，也是印度历史上第一个实行中央集权统治的王朝。阿育王（公元前 268—前 232 年）在位时，孔雀王朝达至鼎盛。他四处征战，统一了除德干高原南端之外的次大陆，国土疆域从西往东横跨当今的阿富汗和孟加拉国。阿育王也因此被许多印度人视为史上最伟大的皇帝。但这个统一王朝只存续了 137 年。

阿育王去世（公元前 232 年）后的半个世纪里，孔雀帝国逐渐瓦解。印度陷入了长达 550 余年的战乱。其间，从公元前 2 世纪初开始，印度先后遭受了大夏希腊人、塞种人、安息人、大月氏人的入侵。其中，原先生活在中国河套平原的大月氏人还在古印度西北部建立了贵霜帝国（公元 55—425 年）。在迦腻色伽统治的鼎盛时期（公元 120—162 年），贵霜帝国疆域一度从阿富汗达至恒河中游及德干高原中部，与罗马、安息和东汉并列为世界四大帝国。

次大陆下一个最重要的王朝就是笈多王朝（约公元320—540年）。这是继孔雀王朝后印度次大陆上诞生的又一强大帝国，它是由印度人（或者说雅利安人）自己建立的最后一个帝国政权。笈多王朝的鼎盛时代由旃陀罗笈多二世（也称超日王，统治时期为公元380—413年）开创。该王朝的历史地位可与中国盛唐相媲美。

超日王去世（公元413年）后的百余年，笈多王朝内乱不已。5世纪中叶，嚈哒人自中亚侵入印度，并于6世纪初占领印度北部和中部大部分地区。在嚈哒人的频繁冲击下，笈多王朝于公元540年最终解体。印度再度裂变为诸多大大小小的王国，7世纪初曾出现过戒日王朝（唐僧玄奘西天取经曾在这个小王国游学多年）。但这个王朝也只是昙花一现，且疆域不能与孔雀和笈多两大王朝相提并论。实际上，在笈多王朝灭亡之后的近700年里，印度本土再也未能形成哪怕只是相对的政治统一。

阿拉伯人在公元712年来到现在的信德地区，从此揭开穆斯林入侵印度的序幕。其中，由阿富汗突厥人建立的中亚穆斯林伽色尼王朝（公元963—1186年）在苏丹马茂德执政时期（公元999—1030年）曾多次劫掠和涂炭北印度。穆斯林编年史作家列举的马茂德远征印度多达17次（也有学者统计为12次），几乎是每隔一两年便来打一次"牙祭"。1009年第三次东侵后，马茂德再也没有遭遇像样的抵抗。马茂德的劫掠给北印度生产力带来空前的破坏，严重打击了印度人抵御外敌的信心，为日后穆斯林长驱直入并最终在印度建立德里苏丹（1206—1526 年）的统治铺平了道路。此外，马茂德的劫掠还使得公元前 4 世纪诞生于北印度的佛教因此地寺庙尽毁而逐渐在印度衰亡，被迫转到其他地区传教弘法，谋求生路。

1206 年德里苏丹的建立使得北印度再获统一，并开启了穆斯林统治印度的新时代。德里苏丹历经 5 个王朝，时跨 300 多年。其间，王朝的更替既伴随着宫斗与战乱，也伴随着外族的侵入与劫掠。其中，1398 年，已突厥化的中亚蒙古人帖木儿（自称出身于成吉思汗的黄金家族）兵侵德里，他所造成的浩劫甚至令 400 年前马茂德的历次暴行都相形失色。帖木儿铁蹄所过之处尽是废墟焦土，攻占德里后他又大肆屠城，令几十万居民丧生，德里城两个月内阒无人迹。一个平生连麻雀都不曾伤害的穆斯林学者也被迫杀死了 15 个印度教徒。帖木儿在德里逗留了 15 天，将该城洗劫一空。他将从北印度掳掠的能工巧匠与无数珠宝解往首都撒马尔罕，修建由其本人设计的大礼拜寺。

第三个王朝——图格卢克王朝——结束时（1413 年），德里苏丹对地方统治日益弱化。朝廷之下，王国林立，纷争不断。此时，葡萄牙人乘乱而入，通过与南方印度教王国结盟，开拓了果阿殖民地。这也是欧洲人在印度的第一块殖民地。

1526 年，突厥化蒙古人同时也是帖木儿之六世孙巴布尔介入洛迪王朝（1451—1526年）内部权斗，并顺势推翻了这个德里苏丹最后王朝的统治，结束了北印度的混乱局面，建立了莫卧儿王朝（1526—1857年）。这是时隔近千年后印度历史上迎来的第三次大一统。奥朗则布（1659—1707年）统治时期，通过连年征战，莫卧儿王朝的版图达到极限：西起伽色尼（现阿富汗加兹尼省），东至吉大港，北起克什米尔，南至加尔那迪地区，疆域之辽阔为印度有史以来仅见。然而，奥朗则布的病逝（1707年）却又按下了印度次大陆新一轮动乱的按钮。各地总督纷纷拥兵自立，相互征伐，使得朝廷徒有其表。其中，南方强盛的马拉塔人一度横扫千军。若不是阿富汗人入侵横插一杠，马拉塔人差一点儿就能北上取代莫卧儿建立新的统一王朝。

莫卧儿王朝末期的内乱招来了西北邻国伊朗、阿富汗统治者的入侵和劫掠。1738年，伊朗国王纳迪尔沙率5万大军入侵印度，占领白沙瓦，翌年兵抵德里。莫卧儿军队不出意料地完败于伊朗人，皇帝穆罕默德·沙投降。纳迪尔沙纵兵洗劫德里，屠城2万人，掳走7亿卢比财富，包括1.5亿卢比现金和价值连城的孔雀宝座。印度河以西的土地也全部被他割走。所掠财物之丰，使得纳迪尔沙宣布波斯全境免收3年赋税。莫卧儿帝国从此一蹶不振。1748年，阿富汗国王阿赫迈德沙·阿卜达利又步纳迪尔沙后尘大举入侵。10多年里，阿富汗军队先后12次（一说8次）侵入印度次大陆，除劫得大量财富外，还一度占领印度西北的旁遮普、克什米尔、信德等地，并对北印度造成较伊朗人更为严重的破坏。阿卜达利的入侵不但进一步加速了莫卧儿帝国的解体，同时还摧毁了南方马拉塔人重建印度帝国的雄心壮志。

兵祸连年的莫卧儿帝国遭此反复洗劫，国穷财尽已到了无以复加的地步。这为随后英国东印度公司蚕食鲸吞印度次大陆铺平了道路。对此，马克思曾形象地描绘道："大莫卧儿的无限权力被他的总督们打倒，总督们的权力被马拉塔人打倒，马拉塔人的权力被阿富汗人打倒，而在大家这样混战的时候，不列颠人闯了进来，把所有的人都征服了。"

大英帝国对印度的殖民统治主要分成三大阶段。在第一阶段（1608—1757 年），伦敦特许授权东印度公司垄断印度对外贸易。这一阶段也是东印度公司在印度次大陆逐一武力征服其欧洲竞争对手（葡萄牙、荷兰、法国）的阶段。在第二阶段（1757—1857 年），伦敦支持东印度公司武力征服全印并代行殖民统治之责。这一阶段充分暴露了英殖民者的贪婪、狡诈、阴险与残暴。在第三阶段（1858—1947 年），伦敦直接殖民统治印度。通过一系列殖民政策，英国逐渐将印度由一个自给自足的农耕经济体转变为英国工业资本主义大生产的主要原料产地与最重要的海外商品市场，并成就了英国一段"日不落帝国"的辉煌历史。1947 年，大英帝国退出印度这片次大陆，英属印度一分为二——印度和巴基斯坦分别独立建国。

综上可见，整个印度历史的一个突出特点就是分多合少，内斗不断，外侵不已。政治统一总是暂时而相对的，分裂和内斗成为历史常态，而饱受侵扰劫掠直至被殖民则成了逃不脱的命运。

孔雀帝国创立前的 2000 余年及其崩溃后的 500 余年、笈多帝国覆亡后的近 700 年，印度的分裂令人震惊；德里苏丹与莫卧儿帝国后期也是分崩离析，王朝只剩下一副空壳。英国人的殖民统治第一次真正统一了印度这片次大陆，行政命令第一次在这片被雪山和海洋紧紧环抱的大陆上畅行无阻。尽管如此，由于力量所限，英国人对印度的殖民统治采取了"分类施策"模式：一类是直接统治，叫"英属印度"；另一类是与数百土邦王国建立"附庸国体系"，殖民者通过派驻官吏进行间接统治。据 20 世纪 20—30 年代英国政府文件显示，当时的土邦王国数目多达 562 个，遍布印度次大陆。面积大的土邦赶得上法国，小的不过是座超大型庄园而已。由于这些国中之国的大量存在，英印殖民统治版图看起来就像是件和尚的百衲衣。

那么，这么一块"北背雪山，三垂大海"（玄奘语）的天赐之地为什么历史上就不能聚拢为大一统国家？是什么因素导致这无与伦比的地理环境优势荡然无存？为什么这片次大陆不能对入侵外族组织有效抵抗？为什么没有任何朝代动员人力、物力去堵住那个被山水合围后剩下的跑风漏气的豁口——开伯尔山口呢？毕竟这个山口全长只有 53 千米，最窄处不足 600 米。为什么印度大历史总是一盘散沙、内乱不已、争斗不止呢？这些问题的答案恐怕都要从在印度次大陆盛行了 3000 余年的种姓制度中去寻找。

神一样的存在

种姓制度萌芽于雅利安人入侵次大陆之后的前吠陀[1]时期（公元前1500—前1000年），正式形成于后吠陀时代（约公元前1000—前600年），并先后作为吠陀教、婆罗门教（均为印度教前身）的核心内容。

"种姓"一词是中国的汉译名称。吠陀时代，"种姓"被称为"瓦尔那"，即"肤色"；由吠陀教过渡到婆罗门教特别是中世纪印度教兴起后，"瓦尔那"逐渐被改称为"迦提"，即"出生""出身"。"迦提"将印度次大陆上的人群依据血缘与职业进行进一步细分。后来，欧洲人入侵后将"迦提"称为"卡斯特"，并广为传播而为世界通用，中文据此将其意译为"种姓"。

由此可见，"瓦尔那"和"卡斯特"两者分别代表种姓制度发展、演变的两个历史阶段。"瓦尔那"是种姓制度形成的初期

1　"吠陀"是一种用古梵文写成的最古老的"知识""启示"，是印度宗教、哲学及文学的基础，"甚至就在今天，印度教徒在出生、婚姻和死亡等所有的礼节上还是按照古老的吠陀仪式来进行的"。

状态。雅利安人入侵印度河上游地区后，逐渐征服了被他们称为"达萨"（意为敌人）的土著居民。为了把自己的"白肤色"同土著居民的黑肤色区别开来，雅利安人开始使用"瓦尔那"。这样，在被雅利安人占领的地区便出现了两种"瓦尔那"或两个等级，即作为征服者的雅利安瓦尔那和作为被征服者的达萨瓦尔那。随着雅利安人社会的分化，雅利安人内部也有了不同等级的划分。从事祭祀的僧侣和以部落首领为首的武装集团逐渐与雅利安一般平民大众脱离开来，成为两个特权等级；而一般平民大众则成为雅利安人社会内部的第三等级。雅利安人的早期宗教典籍中，习惯将这三个等级称为婆罗门、刹帝利和吠舍。这样，原来统一的雅利安瓦尔那便一分为三，再加上达萨瓦尔那，整个社会便分化为四个等级。四大基本种姓由此而形成。

公元前4世纪佛教兴起后，种姓制度连同婆罗门教有所削弱，但主要体现为婆罗门至高无上地位的下滑，"人生而有别"的观念仍然深入人心。经公元8世纪商羯罗（印度教历史上最伟大的改革家）的宗教改革，印度教强势中兴，种姓制度更趋完善，并成为次大陆最根本的社会秩序规范。英国的殖民统治一度让种姓制度遭受工业资本主义与殖民主义的双重冲击，但最后又因殖民者"分而治之"的需要而得到强力维持，甚至有少数专家学者认定种姓制度是英国人发明的殖民术。1947年印度建国后，种姓制度在法理上被废除，但从70余年实践看，社会生活中的种姓歧视依然没有退出历史舞台。

种姓制度的基本特点就是"人生而三六九等"、职业世袭与内婚制。种姓制度崇尚的"净秽观"（以职业的"净"与"秽"来划定种姓阶序）和"宿命论"（或曰"业报轮回"）将印度教社会分层并使之固化；而维系分层社会的最有效途径就是种姓职业的世袭、分工和协作，以及严守婚姻禁忌，讲究"门当户对"、血统纯正。

种姓制度讲究"达摩"，即正确的行为规范，也称"法"。每一个种姓集团根据其在社会上的地位，都有必须遵循的特定达摩。如果言行举止严守种姓达摩，就是造了善业，来世会受善报，比如升到高一级种姓；反之，就是造了恶业，不但来世会受恶报，比如投生转世更低种姓甚至牲畜，而且今世也要受到惩罚，比如被逐出本种姓。由于各种姓达摩不同，因此判断一个人行为的善恶标准往往不是某些人类共同承认的道德标准，而是要看其是否符合行为者所在种姓集团的达摩，即使这些达摩在其他人眼里可能是恶行。由于坚持本种姓达摩成为每一个印度教徒的应尽职责，每一位种姓印度人都有各自的生活禁忌与风俗，比如哪些食物不能吃、哪些东西不能碰、在哪里做祭祀、什么时候过节等。这样一来，每一种姓都有自己的文化与生活方式，彼此之间不能相通，生活在各自封闭、狭窄的小圈子里。这就使得种姓根基非常深厚，难被动摇。因此有人说，在印度，种姓忠爱之心和种姓主义比民族主义还要盛行。这一事实对印度的民族整合来说是威胁也是挑战。印度历史上，为什么国家基本上不能统一，外族十分易于入侵，其根本答案就在于此。

由此，种姓制度既是一种社会秩序，更是一种人生规范，还是一种既入世同时又更出世的意识形态系统。历史上世界其他地区也曾有过类似的种姓制度，但在印度教社会，种姓制度盛行时间最为悠久、现实操作最为森严、所含内容最为庞杂、所具影响最为深远。数千年来，种姓制度将印度这片次大陆的每一名印度教徒——上至帝王将相下至贩夫走卒、村夫野民——都包裹得严严实实，形塑着芸芸众生的生老病死、婚丧嫁娶、衣食住行、职业地位、人际规范。时至今日，种姓制度仍深刻影响着大多数印度人[2]的世界观、人生观与价值观，继而影响着印度的政治、经济、社会、文化等各个方面。正如一位印度学者所言："在印度社会中，一个人可以放弃一切，但放弃不了种姓信念。"

印度近代大哲学家辨喜说过："在印度，宗教生活形成了中心，它是民族生活整个乐章的主要基调。"其中，印度教是印度文化的集大成者。了解印度教是了解印度文化的一把钥匙，而了解种姓制度又是了解印度教乃至印度文化的一把钥匙。有学者甚

---

[2]　2011 年印度人口普查显示，印度教徒达 9.66 亿，占总人口的 79.8%。印度每十年开展一次人口普查。下一次是 2021 年。

至称，言印度宗教哲学必言种姓，言印度社会必言种姓，言印度人的行为方式和文化心理必言种姓，言印度的过去和现在乃至未来都必言种姓。从这个意义上说，称印度教社会是种姓社会，称印度教文化是种姓文化并无不当。

因此，作为印度历史上一以贯之的主流文化，种姓制度对印度一次又一次的被虐史难逃其责、难辞其咎。正是由于种姓制度神一般的存在，印度历史上明显缺乏大一统的政治文化与民族心理，国家认同被严重弱化甚至虚无，追求种姓解脱成为人生最高理想。

王侯将相天生有"种"

公元前 209 年，陈胜在大泽乡振臂一呼，"王侯将相宁有种乎？"结果，群情激愤，揭竿而起，打倒了一众权贵人物，吹响了秦王朝的催命号。显然，中国人自古就相信"我命由我不由天""人人皆可为尧舜"。然而，倘若陈胜、吴广穿越到古印度，他们即便喊破嗓子，下面民众也不会心生波澜。因为在印度次大陆，"人生而不平等"这样的信条此时已流行了千年。对印度人而言，"人的命天注定"从来就不是一个问题。印度的王侯将相天生都是有"种"的，这里的"种"就是种姓。

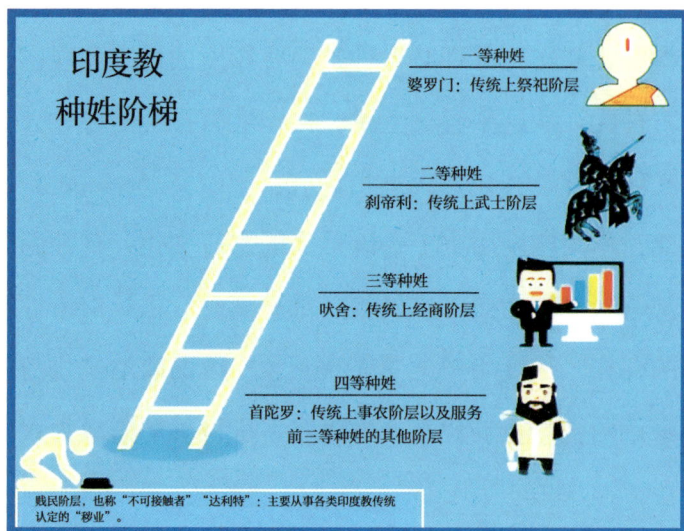

印度教种姓阶梯

一等种姓
婆罗门：传统上祭祀阶层

二等种姓
刹帝利：传统上武士阶层

三等种姓
吠舍：传统上经商阶层

四等种姓
首陀罗：传统上事农阶层以及服务
前三等种姓的其他阶层

贱民阶层，也称"不可接触者""达利特"：主要从事各类印度教传统
认定的"秽业"。

在种姓制度形成之初，整个社会被分成四大等级，且每个等级与相关职业密切挂钩。种姓和职业互为依存。一等种姓为婆罗门，主要指精通吠陀经典、掌管宗教事务的僧侣，后来发展为囊括几乎所有"劳心者"的职业；二等种姓为刹帝利，指掌握军政权力的王室和武士阶层，是世俗社会里的最大实权派、当权派；三等种姓为吠舍，以工商业者为主；四等种姓为首陀罗，其人数最多，人员成分复杂，事农人员、工匠、奴隶均在此列。到了后吠陀时期，社会阶层又添贱民。那些从事诸如洗衣、理发、清扫、屠宰、制革、收尸等"污秽"职业的首陀罗被清理出四大种姓序列，构成贱民中的大多数。因此，贱民一般又被称为"不可

接触者"。一些被征服的原始部落及四大种姓中的严重"违规犯忌"者也时而被贬为贱民。印度建国后将大多数贱民归入"表列种姓"。

为维持住种姓社会的等级差序,种姓制度奉行严格的职业世袭制,特别是严禁贱民从事前三大种姓的任何职业。20 世纪 50 年代印度电影《流浪者》中那句著名的台词"法官的儿子还是法官,小偷的儿子还是小偷"[3] 正是印度教种姓制度的鲜明写照。可以说,种姓就是世袭的职业集团。

经过 2000 多年的演变,特别是随着职业的不断分化与生活区域的相对固化,五大种姓不断蘖变出上万个亚种姓,通称"迦提"。如,印度历史悠久且相当发达的织工种姓即演化出十几个亚种姓。这主要是这一行业不断细分的结果。再如,处于种姓序列最底层的贱民也因高种姓对各种杂役的新需求而不断出现诸多亚种姓。1931 年,英国殖民当局的人口普查显示,贱民因从业分化而产生了 429 种亚种姓。据 1971 年的印度人口普查显示,表列种姓(即贱民)分属 632 个亚种姓。上层种姓也分裂出许多新种姓,仅婆罗门就有 2000 多个。位处最高端的婆罗门,除专享祭祀外,因其自身"高洁"而可从事诸般其他"洁净"职业。但有一条铁律,家道中落的婆罗门不会变成贱民,贱民再怎

3　　依种姓制度,小偷、乞丐、妓女等也是特定种姓,属贱民,代际世袭相传。

么飞黄腾达也不可能变成婆罗门。印度 1991 年的人口普查显示，8.38 亿总人口中，婆罗门、刹帝利和吠舍三大高等种姓占比约为 11%（分别为 5%、4% 和 2%）；首陀罗人数最多，占比约为 45%；贱民约占总人口的 25%。

亚种姓的大量涌现既是职业细化或新生职业增多的结果，更是种姓不断地域化的结果。一个或数个种姓的联合往往能垄断一个社区或地区的某一类职业或行业，其他种姓及非印度教徒不易涉足其中。因此，亚种姓"迦提"也称"在地种姓"，即固定在某一特定地区的种姓。例如，1971 年的人口普查显示，一个语言地区有 2000 多个亚种姓。打个比方，山北的瓦匠与山南的瓦匠虽然只隔一座山，但他们往往分属两个不同的亚种姓，各自有自己的固定地盘。而且，即便相同的职业种姓，因生活在不同区域，其社会阶序也不尽相同，甚至判若霄壤。例如，历史上，编织工在西孟加拉地区的种姓地位往往较高，但在其他地区编织工却被视为贱民；再如，在印度人口最多的北方邦，据说是塞种人后裔的拉其普特种姓的地位仅次于婆罗门，稳居第二种姓梯队，但在莫迪总理的家乡古吉拉特地区，其社会地位却排在第三等级吠舍种姓梯队的中下方。由此，因害怕自身种姓地位在陌生地区遭受贬抑，种姓职业的区域性又导致印度教社会的非流动性。英殖民时期雇佣的印度土军就曾抗命拒绝远赴海外作战。后来，英国人干脆从尼泊尔廓尔喀人、锡克教徒和伊斯兰教徒中招募兵士。

为使这套等级森严的种姓制度合理化且具强制性，印度教教义特别强调"净秽"观和宿命论。"净秽"观提出种姓职业高低的划分依据，而宿命论则为种姓职业世袭提供了理论支撑。

一方面，印度教认为，宇宙万物是一个差序存在，不管是自然界、超自然界还是人类社会，都是依"洁净"和"污秽"来进行分类定位的。世上尚无一种宗教的"净秽"观能有印度教那样"发达"的程度。

依据印度教的"净秽"观，种姓的高低取决于职业的高低，而职业的高低取决于它离污染源——诸如血液、死亡、泥土、腐败有机物等——的远近，越近越污，越远越净。职业越"污"，从业种姓越低贱；职业越"净"，从业种姓越高贵；越高贵者，则离摆脱种姓轮回的神明越近。譬如，清扫、搬运尸体、洗衣、造酒、制陶等职业被认为是污秽的，高种姓不能从事，只能由"污秽"种姓，即低种姓或贱民来完成。前三大种姓，尤其是婆罗门为了维持自身礼仪上的洁净，千方百计与污秽种姓保持"社交距离"。1937 年曾有人对高低种姓间必须保持的距离做过调查，发现如果有一个纳姆布迪婆罗门在场，那么纳亚尔种姓必须对他保持 7 英尺距离，伊拉万种姓保持 32 英尺距离，恰鲁曼种姓保持 64 英尺距离，纳亚第种姓保持 74—124 英尺距离。这些较低种姓相互间的距离，则根据他们与婆罗门距离之差来计算。

但若严格按照"净秽"观去行为处世，则整个社会根本无法运转。为此，印度教还设计了一整套由婆罗门来主持的净化仪式，这大大缓解了高种姓者对被玷污的超级担心。纵是如此，"净秽"观亦如一把刀把印度教社会切割成一个个封闭的种姓职业集团，并在每一个集团之间特别是高低种姓之间砌起彼此疏离乃至相互防范的心理与戒律高墙。

种姓集团间的相互隔离在印度农村非常明显。各种姓的住处大体上是按他们的职业类别和社会等级分布的。各种姓分离而居，互不混杂。许多村落明显地分为两大部分：一部分为主村，由四大基本种姓的印度教徒居住；另一部分是附属村，距主村有一定距离，是贱民或其他宗教信众居住地。大村落还会进一步依亚种姓与职业大类划分成许多小区，如婆罗门区、首陀罗区、酪农区、杂役区、洗衣人区、皮匠区等。高等种姓住区往往上风上水，低贱种姓住区则基本处于村落的偏远一角，"污秽"职业者甚至被迫居住在村落的外围，各方井水不犯河水。显然，种姓社会的这种空间隔离起着维持和强化种姓意识的作用。每一个个体都靠种姓集团这个稳定而封闭的圈子来维持最基本的生存安全与谋生手段。

由于有本种姓圈子的保护，即便是贱民，他们当中的绝大多数也并不觉得种姓制度难以忍受到必须打破的程度。英国人一开始对贱民的遭遇非常同情。殖民政府在对部落群体和贱民进行列表登记时，将他们归为"表列种姓"或"受压迫者"。然而，由于有些贱民不愿意人们称呼他们为受压迫者，1931年殖民政府的人口统计委员会改用"外族种姓"来称呼贱民。

另一方面，印度教的宿命论又为种姓制度"生而有序""职业世袭"的观念提供了强大的理论支撑。宿命论的核心思想就是业报轮回。

人有三世，即现世、前世、来世。一个印度教徒的种姓职业无论净秽、贵贱，都是其前世业力之果，与现世无关，但其现世所为又将决定其来世在种姓社会里的阶序排位。也就是说，印度教徒前世的"业"（即表现）决定了其今生进入哪一个种姓。如果前世"积德"，作为回报则今世进入高种姓；如果前世"造孽"，则今世成为低种姓，以示惩罚。种姓的等级不是不可以改变，但改变等级要靠今生安分守己、坚守"达摩"，而且要到来世才见分晓。总之，人活着是为了下一辈子。对低种姓或贱民而言，其"悲惨"命运并非由于"不合理"的种姓制度和人间压迫所致，而是其前生罪孽造成的，其今生所受苦难是在偿还前世"欠债"；要想改变现世社会地位那是不可能的，唯一的办法就是接受命运安排，严守"净秽"之道与公序良俗，否则，来世会更悲惨，甚或不能为人，而投胎转生为动物、木石，甚至"狗的肚肠中的一条虫"。高种姓则认为，他们的高贵地位是其前世"善行"之果；低种姓和贱民的人生不幸是其当然报应，对其蒙受的贫困、饥饿及种种社会歧视，不仅不应予以同情，而且认为这是他们赎罪、净化灵魂必不可少的手段。唯有如此，他们来世才会有好回报。

如此，种姓制度利用"净秽"观与宿命论将整个印度教社会分隔为一个个封闭、自我维持、相互隔离且对立的集团、单元。高低种姓各司其职、各安其分、各守其命。

从社会学角度说，这是一种统治者极巧妙的安排，因为统治者永远需要被统治者，永远需要被统治者为他们提供各种服务。种姓制度正好满足了这一要求：它让绝大多数社会成员安心于低下的社会地位，而且心甘情愿地接受生来就为其安排好的各种人生与遭遇，并将之视为圭臬。例如，1943—1944年孟加拉大饥荒中，千万人被饿死，但没有发生如日本米骚动那样的抢粮事件。

由于没有中国基于"学而优则仕"的儒家思想所建立的科举制，在印度社会，底层个体终其一生几乎没有机会升迁至治国理政阶层。历史上的印度教社会，阶层固化，阶层之间缺乏纵向与横向互动，每个个体被禁锢于一个个网格中。"各人自扫门前雪，哪管他人瓦上霜"成为各种姓集团的处世信条。人与人之间缺乏同理心，有时彼此冷漠至不近人情的地步。有人在印度一乡村亲眼目睹世界其他地方很难出现的一幕：村子里的低种姓因火灾房子被焚，接着又遭大雨。然而，这些低种姓宁愿在大雨中挣扎，也不愿站到高种姓屋檐下去避雨。由此又可解释，为什么有的印度教徒一面谴责杀生，一面却对因违反种姓制度而被活活烧死的贱民无动于衷。

种姓的不断蘗分及其衍生的地域性、非流动性等特点使得种姓社会里的印度教徒具有天然的分离性世界观，倾向于认为相互对立的集团和派别的多元并存是一种常态，社会集团、组织和流派的不断分裂、分立则是人类社会的正常进程。结果，在印度的历史长河里，分立、多元的力量总是大于聚合、统一的力量。纵使这片次大陆坐拥大一统政治文化易于生成的天然条件，即被天然屏障合围的封闭型地理地缘环境，但那又何妨。印度历史上先后出现的四次大一统王朝实际上都与印度教文化传统并不直接相关。第一个统一的帝国是孔雀帝国，但阿育王最终在南下征服德干高原时因突然"佛心发现"而"放下屠刀"，且在全国上下大力推崇佛教；第二个统一的帝国是笈多王朝，此时佛教盛行，尽管婆罗门教在基层拥有信众，但处于弱势；第三次统一次大陆的是笃信伊斯兰教的莫卧儿王朝，印度教社会处于被压制状态；第四次统一次大陆的则是来自欧洲的殖民者，推崇资本主义商业文化与基督文化。

除此之外的绝大部分时期里，印度这片次大陆都处于小国林立且相互冲突的破碎状态。人以群分，民以种聚，各司其职，各安其命。全社会始终难以凝聚起抵御外族入侵的精神力量和物质力量；而外族频繁入侵、占领和殖民的后果又加重了社会的破碎化程度，助推了各集团的相互疏离、彼此对立与防范，从而进一步妨碍印度社会孕育并形成大一统政治文化的民族心理。

一个村就是一个国家

现代最具生命力和影响力的社会学家马克斯·韦伯（1864—1920年）曾深入研究过东方文化特别是印度教文化。他曾言"印度一直是个村落之国"。马克思在研究印度时也曾高度关注村社，认为村社是理解印度社会的钥匙。英国人在殖民印度的过程中，曾对其针插不透、水泼不进的村社大伤脑筋，不得不花大力气将解构村社制度作为武力征服印度后的首要任务。在争取印度民族独立的斗争中，圣雄甘地则高度强调乡村的重要性，认为乡村就是印度。他说："印度不是生活在她的少数大城市里，而是生活在70万个村庄里。"由此，印度村社为理解印度"历史之乱"提供了一个极其重要的视角。可以说，村社是支撑印度社会基本运转的根基，是印度文明得以延续至今的根本承载。

一个标准的印度村社有两大突出特点，即经济上的自给自足和政治上的高度自治。即便其所归属的土邦王国乃至中央王朝如走马灯般变换，星罗棋布的村社仍是铁打的营盘。1830年，在印度最富才干的英国官吏之一查理·麦提卡夫爵士曾有这样的描述："这些农村公社是小型的共和国，它们自己所需要的一切差不多应有尽有，几乎不用依靠外面的关系。当别的东西都已消逝的时候，它们似乎还能经久维持下去。本身各自形成为一单独小邦的这些农村公社的联合……享有大部分自由和独立。"

一方面，村社经济上自给自足、自成体系。这当然离不开以种姓职业为基础的社会分工以及村社内部农业与手工业的结合与协作。

由于种姓职业的严格分工，村社内主要经济门类较为齐全。村民生产生活最基本的物质需求与精神需求都能在村社得到满足。以 18 世纪印度中南部马拉塔地区的村落为例，除从事农耕的地主、自耕农、佃农之外，村中还有从事生产生活所必需的各种主要手工业者和服务业者，他们分别隶属各职业种姓。这些非农种姓统称为"巴鲁特达尔"。他们的职业分工非常细，也较为固定。一个村社一般有 10 余种职业种姓，如木匠、皮匠、陶工、铁匠、理发匠、看守人、金匠、水夫、洗衣人、婆罗门祭司、村神祭司。有些村落还有巫师、小贩、乐师，甚至有不同宗教或教派的教职人员，如伊斯兰教毛拉。

中国古代农业和手工业的结合是在家庭内进行的，而非在村落内进行。"男耕女织，耕织结合"是中国传统家户制经济的基本特点。相较之下，在印度，农业和手工业的结合主要是在村社内部进行的，是通过不同种姓的家庭分别完成的。由于种姓制度

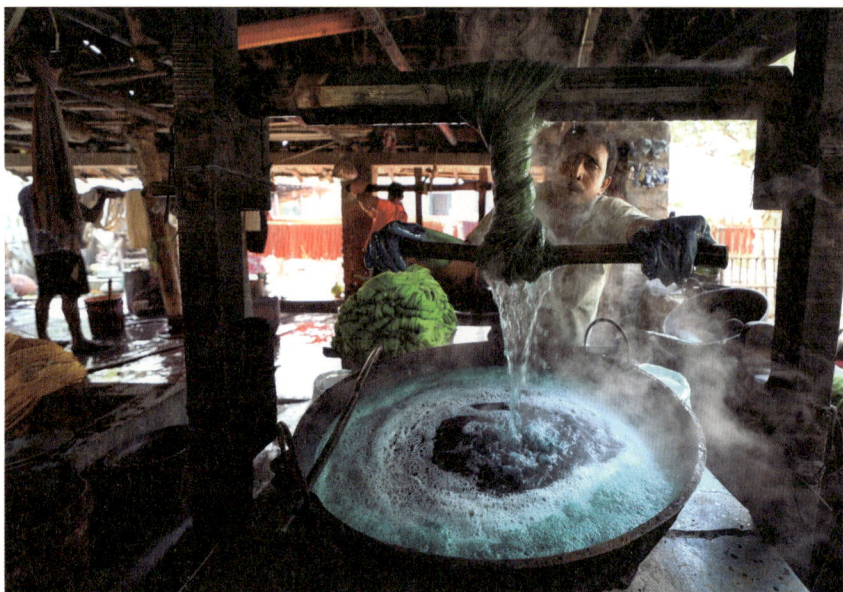

的铁律，每一种职业基本对应一个特定种姓，他们分工明确、世袭为之，相互之间通过实物交换或服务交换而形成互补互依的关系。对此，马克思在《不列颠在印度的统治》一文中这样写道："这些家族式的公社是建立在家庭工业上面的，靠着手织业、手纺业和手力农业的特殊结合而自给自足。"

一个个村社都是自给自足且彼此隔离的自然经济体。村社的生产生活并不依赖市场，主要依赖内部的行业分工与实物交换。这就使得每一个村社的经济活动都是自成一体且相对封闭的生产周期，不依赖外部即能自我生存、自我运转。广大印度农村社会由此被分解成"许多模样相同而互不联系的原子"。在英国殖民者实施地税田赋改革之前，每一个这样的村社内部结构从不变更，任何外族入侵、外来统治都触动不了它、破坏不了它，具有超稳定性态。

各职业种姓之所以能聚集在一个村社并且能相互协作，除基于种姓制度本身的规制之外，主要是基于村社土地所有制的公私二重性的作用。

在英国殖民者完全征服这片次大陆之前，印度土地私有制并不流行。土地虽根本上属于国家或封建王公贵族，但实际占有、使用权则归属村社。每个村社都是一个"小型的共和国"。土地集体所有，各户领有份地，单独耕作，世袭使用；少部分情形类似原始公社，土地集体所有、集体耕作。另外，荒地、牧场、森林也归村社集体占有、使用。由于土地的村社公有属性，社员个体力量又薄弱，扩大再生产、兴修水利等必须借助村社集体力量来完成。朝廷或土邦是甩手掌柜，国家在农村基建方面严重缺位。实际上，纳税是一个村社与统治权贵发生关联的最主要方式，大部分时间内还是唯一关联。

另一方面，村社政治上高度自治、自我运转。村社经济上的自给自足为其政治上高度自治提供了强大的物质保障。在英国殖民者推动农村赋税改革之前，村社的内部运作几乎不受上级政权的干涉。只要完成了缴税义务，村社的独立性、自治性谁也不能侵犯。关键是，统治者侵犯村社不但无利可图，甚至可能影响自身收益。

确保村社自我运转的乡村治理模式主要有两种，即潘查亚特制度和贾吉曼尼制度。

何谓潘查亚特制度？潘查亚特制度又称五老会、评议会，主要由五个高种姓的村社长老组成。传统的印度村社至少有四种潘查亚特制度，但发挥重要作用的主要是种姓潘查亚特和村社潘查亚特大会。

种姓潘查亚特是村社里的种姓管理机制，发挥着类似现代社会的职工工会、协会以及中国古代行会的作用，但其职能范围更广，权力几乎触及种姓社会的各个领域。种姓潘查亚特不仅处理本种姓成员的纠纷，还有权处理地位比自己低下的种姓集团的案件。

村社潘查亚特大会在村社则拥有兼理行政和司法的垄断性权限。它由村社里有权势的种姓推举产生。尽管低种姓的代表也能在其中谋得一些职务，但重要职位均由高种姓掌控。村社潘查亚特大会重在维护村落的秩序和道德，协调跨种姓关系，处理各种纷争；保护村落利益不受威胁，如对抗外部干预、应对自然灾害等，为每个成员提供起码的、稳定的生产、生活环境等。历史上，村社潘查亚特大会是朝廷与村民的中介，处理与朝廷相联系的事务，如征收田赋、丈量土地、战时向国家输送兵士和马匹等，实际上发挥着政治机构末端的作用。

　　上述两种潘查亚特制度的存在最大限度地确保了印度基层社会的基本运转，特别是在天灾人祸时期。绝大多数时间里，朝廷甚至国家的存在显得有些多余。至于大一统思想与民族意识，更是无从谈起，村民有的只是种姓、大家庭和村社意识。

　　何谓贾吉曼尼制度？贾吉曼尼原指为村社主顾提供各种服务的低种姓和贱民。依此制度，村落中各种姓集团之间存在一种"相互服务"的关系，且这种关系是约定俗成并世代相袭的。贾吉曼尼制度普遍存在于印度各地，只是名称不同而已。南印度的耶吉曼鲁制度、西部古吉拉特地区的犁人制度、西南卡纳塔克地区的阿亚制度等均属此类。

　　依据贾吉曼尼制度，村社里从事手工业和服务业的每个种姓

（一般为低种姓和贱民，如花匠、金匠、木匠、铁匠、理发师、清洁工、搬尸者、制革人等），都固定地为一个或数个家族（一般为高种姓）提供各种服务，并领取固定报酬。报酬分实物报酬，如谷物、蔬菜、陶器、布料等，以及非实物报酬，如祭祀、唱诗、修建房屋等。村中匠人种姓的服务对象基本是整个村子，村中所有种姓都是他们的顾客。倘若村社里同类匠人种姓人数较多，村子又不大，他们的服务可能会超出其所居住村社，从而形成跨村落的服务体系。但这种情况并非主流。

不仅如此，低贱种姓为高种姓提供的服务通常不是单一的而是包括一切杂务，也通常不计时日。报酬一般也是不计量的，除了付给粮食或回馈所需服务外，有时主顾还给以小块土地或借给耕牛、农具，重大节庆日还送些礼物、小费等。关键是，所有交换都是约定俗成的，双方没有任何协议、合同，完全凭感情和信用世代维持。这在很大程度上将村民固定在了每一个村社里。"在家千般好，出村万事难。"在这片大陆，全社会的人口流动是不敢想象的。每个个体"舍村社无归属"，终其一生只活在孤立的、闭塞的、自转的村社里，其眼界往往走不出村界，遑论有大一统的民族意识或国家意识。

贾吉曼尼制度体现的主要是一种职业互补关系，最能证明种姓制度是一部高度协调且十分精妙的机器。这种制度下，劳动者之间的竞争被基本排除，即便是贫苦之人也有基本生活保障。这套制度客观上确保了印度次大陆千千万万个村社内部的和谐与稳定。

因经济上的自给自足和政治上的自我运转，加之种姓制度下职业的世袭属性以及市场经济的实际缺失，主要由村社构成的印度社会一直保持着数千年的超稳性，这与印度历史之乱形成巨大反差。

素有"印度马汉"之称的海权论者潘尼迦（也是印度驻中华人民共和国第一任大使）对此有着更为深刻的认识："2500 年前的释迦牟尼所目睹的生活在这个大陆上继续下去，基本上没有什么变化……婚姻制度、丧葬礼仪、社会组织关系，基本上都没有不同。释迦牟尼佛如果生于今日，一定会将印度人民认作自己的人民。"马克思也有类似的说法："从遥远的古代直到 19 世纪最初 10 年，无论印度过去在政治上变化多么大，它的社会状况却始终没有改变。"

由此，研究印度历史甚至现状的学者往往会说，印度自古以来就是一个乱中有治的国家。历史上，作为印度社会最基本单位的村社既不因王朝更迭而产生明显变故，更不因王朝更迭而中断自我运转。对于每一个村社成员而言，朝代的更替、权贵的变换只是换了一茬纳税对象而已。每一个村社就像是一个个"世外桃源"，"不知有汉，无论魏晋"。

甚至在很多时候，国家之灭亡、权贵之争斗甚至外族之入侵并不能彻底中断村社运转；村社甚至能在纷乱大环境里保持一份"岁月静好"。一份英国官方的报告曾这样描述印度村社制度："从很古老的时候起，这个国家的居民就在这种简单的自治制的管理形式下生活着。村社的边界很少变动。虽然村社本身有时候受到战争、饥荒或疫病的严重损害，甚至变成一片荒凉，可是同一个村社的名字、同一条边界、同一种利益，甚至同一个家族，却一个世纪又一个世纪地保持下来。居民对各个王国的崩溃和分裂毫不关心，只要他们的村社完整无损，他们并不在乎村社受哪一个国家或君主统治，因为他们内部的经济生活是仍旧没有改变的。"

瑜伽不是健身的

如今，瑜伽可谓风靡全球。瑜伽甚至成为印度的一张闪亮名片，就如同中国功夫之于中国。印度莫迪政府在 2014 年还成功推动联合国将每年 6 月 21 日确立为"国际瑜伽日"。

然而，虔诚的印度教徒修炼瑜伽可不是为了健身或美体，而是为了证得"梵我一如"的一种苦行。一般而言，瑜伽修炼有五大阶段：先意念到具体的身体部位，再意念到身体整个运转系统，再意念到所处的外部环境，再意念到宇宙空间，最后意念到那个终极存在，即"大我""梵"，实现"梵我一如"。作为苦行，不少瑜伽行者通过摧残身体来实现"梵我一如"。他们动不动就一个姿式坚持一周甚至数月，就算肢体变形也在所不惜。印度两大史诗之一《罗摩衍那》的作者叫蚁蛭，直译过来就是蚁山。据说，蚁蛭当年于树下打坐冥想至物我两忘的境地，乃至无数蚂蚁在他身体上面筑巢生息。那么，虔诚的印度教徒为何能不惜摧毁身体苦修瑜伽呢？答案就是实现"梵我一如"。

实际上，追求"梵我一如"是印度教教徒每一个种姓人生的最高理想追求。瑜伽不过是印度教徒通往"梵我一如"境界的一个便捷的修心法门而已，更多的印度教徒需要终其一生通过恪守种姓之道，即"达摩"来证得"梵我一如"。

"梵"即最高我、大我、最高神明、终极存在。依据印度教最伟大改革家商羯罗的定义，"梵"有两种，即"上梵"和"下梵"。"上梵"是无属性、无差别、无限制的"梵"，是绝对的实体，是万物的本原和创造者；"下梵"是有属性、有差别、有限制的"梵"，是经过人主观化了的"上梵"，是一种现象或经验的东西。在"梵"与世界的关系上，商羯罗认为，五光十色的现象世界是"梵"的一种显现，是通过人的虚妄认识或一种魔力即"摩耶"而创造出来的。

宇宙世界是一道长长的通向"梵"的阶梯。人类社会不过是这个阶梯中的一小段，人这个实体在宏观宇宙范围内是渺小的，因而其不平等也是微不足道的。宇宙万物都在为接近"梵"而努力，最终都要复归于"梵"。正因为每个种姓与"梵"的距离有远有近，因此人是不平等的，距离"梵"越近，其地位越高。种姓制度中的五大等级根据距离神明的远近依次排列。也就是说，人的不平等是受某种超自然力量的制约预先安排好而无法改变的，并且"人的不平等与动物间的差异是一样的"。

"梵我一如"中的"我"在印度教中被称为"阿特曼"。这个"阿特曼"和"梵"一样，既非物质又非精神，无始无终，不生不灭。"阿特曼"有"小我"和"大我"之别。"小我"存在于个人感觉世界背后并规定着个人的一切活动；"大我"实际上就是"上梵"，存在于万事万物背后并规定着宇宙中的一切。发现"阿特曼"才能达到"梵我一如"的境界，才能摆脱种姓轮回而获得解脱。印度教徒只有不断修炼才能破除"摩耶"或虚妄认知，才能发现"阿特曼"，才能证悟"梵我一如"。

印度教徒追求"梵我一如"的人生最高境界与种姓制度的开枝散叶是密切相关的。种姓制度虽规定"人生而不平等"，但这种"不平等"在印度教里面其实就是"小我"即"阿特曼"展现的结果。如果要想这个"阿特曼"有更好的寄宿，必须此生努力修行甚至要自虐式苦修，以让来生投往更好寄主，甚或与"梵"合二为一，彻底摆脱种姓轮回。修行的最主要内容就是坚守种姓"达摩"。这是一种印度教的拯救观，给低种姓者以美好期许，使其能在宗教自慰中期待来日与来世，自觉维护种姓制下的社会秩序。

然而，对"梵我一如""个人解脱"的无休止追求客观上使印度教徒个人的社会责任感、政治积极性以及经济进取心降到了次要与从属地位；而且，越是与现实世界抗争，越是追求物质进步，越会妨碍"梵我一如"这一人生终极目标的实现。这种价值观、人生观与世界观使得印度教社会普遍缺乏新教文化对现世成功的追求以及中华儒家文化对"家国情怀""修齐治平"的强调。

为征服印度，英国东印度公司曾效仿法国殖民者，招募印度土兵，组建英印混成的私人武装力量。有统计显示，1853年东印度公司的这支私人武装已膨胀到28万人。其中，印度土兵为23.3万人。这些印度土兵成为英国东印度公司在不到百年（1757—1849年）的时间里征服印度次大陆的得力工具，也是英国殖民者血腥镇压1857—1858年印度民族大起义的骨干力量。然而，印度土兵并不认为他们是在"助纣为虐"，是在帮助殖民者镇压本民族。他们根本就不存在这样的政治觉悟与民族意识。他们只是将之简单地理解为一种种姓职业。对于虔诚的印度教徒兵士来说，不管为谁当兵打仗，唯有恪尽职守才能实现"梵我一如"这一终极目标。

就此而言，"梵我一如"的人生追求为种姓制度奠定了其赖以存在的文化心理。在这种文化心理作用下，在印度教徒眼中，世俗世界的一切，包括各种姓"生而不平等"现象、"国家兴亡，匹夫有责"的民族担当等，皆如大海里的泡沫，都不会长久，也无须为此过于纠结。

实际上，对于绝大多数印度教徒而言，认真履行种姓责任与义务是其实现"梵我一如"这一人生终极目标最容易理解也最容易操作的不二法门。这种情况下，对个人而言，对种姓制度特别是种姓职业的坚守就必然高于一切。就一个人"梵我一如"的追求而言，甚至家庭或宗族之类的亲情组织都无能为力——它们不是为其提供满足人生终极理想追求的永久寄托地，遑论国家或民族。

对种姓制度下的印度教徒而言，死后能否实现"梵我一如"、能否挣脱现世种姓樊篱，始终像一把达摩克利斯之剑，制约着上至国君的政策与权力的行使，下至平头百姓的日常行为。这种文化心理与意识形态使印度人最尊崇精神上、智慧上的领袖，而不是权力上、物质上的霸主，从而对专制君主缺乏绝对服从和拥戴。

此外，"梵我一如"的人生追求使得种姓制度下的印度教徒对社会多元存有着更多的包容与宿命心态。这种包容与宿命心态在很大程度上使得受此文化浸淫的印度民众缺乏反抗、抗争精神，即对外敌入侵具有非抵抗性。在每一位印度教徒眼里，宇宙间的一切变化都是按照"梵"预先编制好的"程序"自动展现的。如种姓制度下的"人生而不平等"一样，外族入侵也是"梵"事先安排好的，不必抵触，接受就好；若不能与入侵者共处，远离就好。坚守此世的种姓之道以至最终实现"梵我一如"、摆脱种姓轮回才是人间正道。显然，在这里，追求国家或民族大义都要降至次席，甚至根本不在人生追求目标之中。

保家卫国是一种特权

1025 年，伽色尼王国苏丹马茂德决定进攻垂涎已久的苏摩那陀神庙。该神庙坐落在卡提阿瓦半岛，是当时最辉煌的印度教寺院之一。庙内珍藏无数，仅一座湿婆神像的华盖就缀着数千颗大小不等的钻石。在这里主持宗教仪式的婆罗门就有 1000 位，还有 350 名男女在神像前竟日歌舞，划归它的村庄多达 1 万座，香客供奉也终年不断。然而，在这场劫掠中，只有苏摩那陀波坦城的军民和僧侣进行了抵抗，附近村民并没有参与。两天后城破，城破后庙毁。据说马茂德这次席卷而去的战利品比以前各次掳掠所得加在一起还要多。1 万座村庄少说也有百万村民，却坐视城破庙毁，最大原因只可能是受"各守其责、各安其命"种姓观的深刻影响。

种姓制度神一样的存在注定了历史上印度教社会普遍缺乏国家认同与民族意识。对于每一个印度教徒而言，种姓认同远比其他身份认同重要，"亲不亲，种姓分。"首先，他是一个特定种姓集团的成员，种姓身份与认同是第一位的、最重要的，而且往往也是唯一重要的；其次，他才是家庭、家族、社区或村社的一分子；最后，他才是土邦王国、朝廷或国家的成员。其中，国家认同与归属最弱，甚至没有国家归属也无多大关系。曾有学者这样说："印度人的个体只存在于他所在的种姓内部，在种姓之外，他便失去了自我，不再是一个人，而是一个被社会抛弃的人，一个不存在的人。"

抱团取暖往往是任一职业种姓在这个世界上打拼与生存之道。鉴于印度大历史就是一部"一次又一次被征服"的历史，面对乱世，印度教徒必须首先依附其所归属的种姓集团来抵抗外部风险，"种姓之外无个体"。尽管以牺牲个体诸多自由与权益为代价，种姓集团却为个体提供了国家所不能提供的强大保护网，确保本集团内每一个个体最基本的生存权益，如不受其他种姓集团的任意侵害、拥有稳定的谋生手段等。实际上，种姓集团行使着本该由国家或上层政权履践的诸多保障职能。1955年，印度中央邦基里亚地区最低贱的种姓查玛（即皮革匠种姓）曾召开一次种姓会议，其中除发出他们受剥削、受歧视的抱怨之外，还做了如下表示："谁不为自己的荣誉和种姓感到骄傲，谁就不是人，而是畜牲、是死人。"

与种姓认同相对等的就是职业认同。每个种姓成员只有恪守各自种姓规范特别是种姓职业规范，才能获得社会认同与归属。各司其职，不得逾越。因此，种姓制度里天然就缺少"国家兴亡，匹夫有责"的文化基因。特别是对于大多数低种姓及贱民而言，"国家兴亡，匹夫无责"。基于种姓职业的严格分工，绝大多数印度教徒对参战不感兴趣，他们认为最好把战争留给职业武士，即刹帝利种姓，保家卫国是他们的事。他们因此也不会接受这样的训练。这使得历史上的异族入侵在印度基本上不会遭遇全社会层面有组织的反抗。

种姓制度还使得印度教社会里缺乏君主制度的权威。一方面，以婆罗门种姓为主的僧侣集团在社会中的地位总是优越与崇高的，这就导致历史上的印度"皇权"最大却并不"至上"。在种姓制度下的印度教徒看来，婆罗门是神明的主持者，而国王与平民百姓皆为凡人。另一方面，依据种姓制度的分工，治国理政主要是刹帝利种姓的职责，婆罗门的职责是提供宗教、资政服务。在其他种姓集团看来，刹帝利种姓抵不抵抗外族入侵、接不接受异族统治，都是他们的分内之事，其他种姓没必要操心。即便他们抵抗外族劫掠或统治，也不过是履行他们现世种姓的"达摩"而已，都是在以不同的身份与职责追求"梵我一如"，这无关贵贱、无关好坏、无关爱国与否。

这样一种民族心理和传统文化使得抵抗外族入侵的民族英雄并无多少光环，其形象也不会比一个苦行僧在种姓社会里更高大。在传统的印度教社会里，民族英雄的感召力、榜样力都不是无穷的，甚至很多时候，有没有这样的感召力、榜样力都是一个问号。对于每个个体而言，只要坚守种姓"达摩"，国家"崩于前"也不必惊慌失措。对于低种姓及贱民而言，天塌了自有前两大高等种姓在顶着。顶得住，那是他们高种姓尽责有效；顶不住，那也无关低种姓的事。

虽然印度建国后，由于国家政策的原因，种姓制度从法理上被废除，甚至有贱民跻身政坛，位至部长、总统。但这只是极个别现象，对其所属的那个低贱种姓在印度教社会阶序里的位次提升并不具有实质意义。而且，更为重要的是，低贱种姓政客的"出人头地"更多仰仗的是整个种姓集团的集体之力，而非国家之力。印度建国后，随着印度多党民主政治的发展，不少种姓集团顺势建起种姓政党，以集团的力量在印度政坛与其他政党化的种姓集团进行角逐。种姓政治大戏在北印度政治舞台更为常见。实际上，种姓的政党化往往增强了种姓集团间的分野与种姓内部的自我归属意识，而非国家意识或国家认同的强化。

自给自足的村社更使国家可有可无。历史的长河里，对于种姓制度下的印度教徒而言，位于村社之上的国家其实是可有可无的，国家不在了，朝廷没有了，也没什么大不了，甚至是好事，因为不用缴税了。上一级的统治者可以相互攻杀，上一级政权及中央王朝可以先后更迭，这一切对于绝大多数印度教徒来说，都是"他种姓的事""别人家的事"。村民们在意的往往只是如何正确履行他们自己种姓的义务与职责。美国学者摩尔曾这样写道："作为一种制度，种姓能在某一特殊地区有效地安排生活，这就意味着全国政权的存在是无关紧要的。凌驾于村社之上的政府一般只是外部强加的赘瘤，而非出于需要。政府在村社里确实无事可做，因为事无巨细都由种姓村民包揽了。"

种姓高于国家

历史上，在宗教习俗的限制下，较广泛和占人口大多数的较低种姓不但被排斥在宗教活动之外，而且也被排斥在政治活动之外。他们只活在自己的种姓集团里，谈不上什么家国情怀。

2018 年新年伊始，印度孟买等多个城市爆发了贱民大规模抗议活动。抗议活动的导火索是贱民马哈尔[4]举行活动，纪念英国东印度公司 1818 年征服印度马拉塔帝国佩什瓦政权。当年，马拉塔联盟是英国人征服德干高原所遭遇的最大地方反抗势力，英国人为此进行了三次英马战争（1775—1782 年、1803—1805 年

4　马哈尔人历史上的职业主要是修理工、清道夫，传统上被认为是"不洁净者"。他们主要生活在马哈拉施特拉邦（首府是孟买），占该邦人口10%—12%。马哈尔中的大部分人因不堪忍受种姓压制而在 20 世纪中叶皈依了佛教，但这依然改变不了他们受歧视的社会地位。

和 1817—1819 年）。在这一过程中，英国人大肆挑逗并利用贱民种姓（特别是马哈尔）对高种姓的不满，广泛吸收他们当兵入伍。马哈尔兵一度占东印度公司孟买军队的 1/6。1818 年 5 月，这些马哈尔人在帮助英国殖民者最终灭亡马拉塔帝国的战斗中发挥了重要作用。马哈尔人认为，他们能在英国人的统治体系里从事历史上长期为刹帝利种姓所把持的神圣武士职业，是该种姓的荣光。他们在时隔 200 年之后予以纪念，其实是在纪念这种历史荣光，而与国家和民族都是无关的。当然，他们的行为在任何民族主义者看来都是一种叛国行为，在政治上是不道德的。因此，当 2018 年 1 月 1 日约 30 万马哈尔贱民在马哈拉施特拉邦的一个村庄举办庆祝活动时，两个印度教民粹组织袭击了庆祝队伍，导致多人伤亡。马哈尔人的抗议活动迅速蔓延到孟买及附近多个城市，导致公司停业和学校停课。

低种姓如此，至于最高种姓婆罗门其实也缺乏家国情怀。婆罗门主要活在自己的宗教事务里。历史上印度大地饱受外敌侵略之苦，但刹帝利种姓把持的王朝王权的消灭或衰落并不意味着这些婆罗门也会丢掉饭碗。只要整个社会仍处在种姓制度约缚下，婆罗门照样活得滋润。印度人倾向于认为刹帝利王室贵族虽具有超人力量，但并不能保证他们时时处处符合道德标准和理想，因此并不把王室当救世主，更不对某一君王表示尊敬，反而对婆罗门尊敬有加，因为社会的净化仪式、家族的祭祀活动还要靠婆罗门主持。这些仪式秩序的维持是各种姓通往"梵我一如"的天梯。而且，在非印度教徒统治的历史里，婆罗门是统治阶级的最重要统战对象。比如，在穆斯林统治的中世纪印度，统治者视刹帝利为最大劲敌，但对婆罗门则优待有加，大加利用。婆罗门所颁布的地区性种姓规章都受到最高穆斯林政权的支持，而且婆罗门把持的种姓法庭的判决也是由当地穆斯林总督批准的。因此，在非印度教徒建立的历次王朝里（这在印度历史上是常态），刹帝利长期被排除在政治中心之外，而婆罗门的精神统治地位却日益巩固。

更为重要的是，不管是刹帝利王权阶层还是穆斯林王权阶层，均经常陷入一盘散沙的状态，他们内斗不已、以邻为壑，其眼里往往只有自家的"一亩三分地"。作为统治阶层，整个印度教基层社会的超稳定性反而使得王权贵族们可以将主要精力都用在政争权斗上，而非政治制度建设上。

权贵内斗往往导致两重恶果：一是各朝代小国林立；二是中央威权虚弱。种姓制与村社制、大家庭制的完美结合使得印度社会过于早熟，上层政权建设因此明显滞后，类似中国的"郡县制"很晚（13—14世纪）才在印度次大陆建立，且一直没能发展到中国那样完备的程度。中央权力一直懒于直达基层，遑论经营基层，因为无此必要。

从印度大历史之乱可知，王权阶层的内部权斗往往成为外族或入侵次大陆的主要诱惑，或入主次大陆的最大便利。马茂德、帖木儿、纳迪尔沙、阿卜达利每次劫掠的得逞无一例外是利用了王权内斗；而英国殖民者最终武力征服这片次大陆并维持稳定的殖民统治更是利用了王国纷争。

时光倒转到公元前 327 年的亚历山大东征。亚历山大征服了巨大而腐朽的波斯帝国后，马不停蹄地挥师越过开伯尔山口侵入印度西北地区。亚历山大宣称，要继承波斯遗产，统治这片充满牛奶、蜂蜜和奇花异兽的地方。在波斯帝国瓦解后，印度北部的一些小国相互混战。此时亚历山大的侵入使得一些王国得以借助外来势力对付自己的敌人。如呾叉始罗的国王就公开站到入侵者的一边，他不但引兵入境，还积极地"给亚历山大送来了大量的白银、牛、羊、象，'引狼入室'，以及 700 骑兵"，助其征服其他王国。

雅利安人的政权如此，印度的穆斯林王朝也是如此。在洛迪王朝最后一位苏丹易卜拉欣·洛迪（1517—1526 年）的执政末期，王室内斗日益激烈。洛迪苏丹的反对派旁遮普省总督竟然邀请帖木儿六世孙巴布尔前来助其争夺王位。结果，1526 年，巴布尔在帕尼帕特大败易卜拉欣后，乘胜进军德里和阿格拉，顺势一举结束了洛迪王朝以及德里苏丹在北印度的统治，开启了另一个穆斯林政权时代——莫卧儿王朝。

再如奥朗则布（1659—1707 年）之后的莫卧儿王朝，各省总督拥兵自立，相互征战。拉其普特人、查特人、锡克人先后起义，马拉塔人更是不断扩张地盘，大有取莫卧儿而代之之势。此时，伊朗的纳迪尔沙和阿富汗的阿卜达利先后乘乱前来劫掠。各种混乱最终为英国东印度公司征服次大陆创造了条件。

英国殖民者是趁着内斗进来的，又利用内斗征服了次大陆。印度权贵阶层的内斗无疑使他们客观上当了英国殖民者的"帮凶"。

为最终征服印度全境，英国殖民者先后发动了迈索尔战争（1767—1799年，前后进行了四次英迈战争）、马拉塔战争（1775—1782年、1803—1805年、1817—1819年，先后三次英马战争）、锡克战争（1845—1846年、1848—1849年，先后两次英锡战争）。在这一系列的征伐中，英国人"一招鲜吃遍天"，它反复利用王公之间以邻为壑、借刀杀人的权术心思大做文章，且屡试不爽。强大的迈索尔王国与英国人几番征战，最终却败于一个内奸集团；同样的剧情在英国人征战马拉塔联盟及锡克王国时也反复上演。在英国人征服印度次大陆的整个过程中，似乎唯有迈索尔的铁普苏丹是个例外，他从未与英国侵略者勾结去攻打别的印度土邦王国。然而，不争的事实是，几百个土邦王公只出了这么一位血性英雄，确实令人唏嘘不已。

而且，几乎整个土邦王公阶层都成了英国殖民者镇压1857—1859年民族大起义的"后援团"。这次大起义是英国人

200 年殖民印度史中所遭遇的唯一一次较大规模的民族大起义。就当时英属印度全国而言，绝大多数封建王公和大地主始终站在殖民者一边。为什么会这样呢？其原因主要是害怕这场大起义最终蔓延到自己的地盘。这些习惯于"窝里斗"的王公贵族对这场将社会中下层卷入进来的民族大起义从内心感到恐慌。他们大多早就习惯了基层社会的超稳形态，过惯了安于现状的日子，哪有什么忧患意识与应急处突能力。大起义爆发后，这些王公贵族所能做的就是，从兵力上、财力上支持英国统治者，实际上也是其惯用的"借刀杀人"宫廷招术的翻版。例如，大起义期间，瓜廖尔的信地亚、特里的罗阇和奥尔查的女王等，纷纷向英国人提供了充足的粮草、蔬菜和木柴。结果，大起义力量被从四面八方赶来的英国殖民政府军及其拥戴军所包围。整个起义期间，从英国派来的军队为 11.2 万人，而各地王公援助而来的印度兵达 31 万人。时任英国驻印总督坎宁曾坦言，土邦王公起了溢洪道的作用。就在英军 1857 年 9 月 14 日重炮攻陷德里后，坎宁还收到一封孟加拉王公、地主、大商人的贺信，贺信上竟有 2500 人签名。正如一位印度历史学家所言："尽管起义者得到了人们的同情，但是整个国家并没有站在他们一边，商人、知识分子和印度封建王公不仅对起义漠然视之，而且积极支持英国人。"

道不变，天亦不变

自雅利安人入主次大陆，种姓制度及其规范下的村社制与大家庭制就使得次大陆的印度教社会异常稳定。种姓制度就是"道"，"道不变"，天亦难变。

一方面，印度历史上统治王朝不断更迭交替，外来文化冲击一波接一波，但种姓制度一直没有灭亡。帝王不知归何处，种姓依旧笑春秋。即便是资本主义生产关系已发展到相当程度的今天，种姓不但未退出历史舞台，甚至同许多现代因素相结合，表现出更强的适应能力。相对严格并稳固的种姓等级仍然是20世纪中叶整个印度平原上乡村社会结构的核心特征。"城市地区虽有改变，但也不意味着对待种姓的传统的态度已经简单地消失。"由种姓制度构建起来的一道道"堤坝"最终挡住了现代化的潮流及其对印度社会的冲刷、侵蚀。

另一方面，在历史的长河中，次大陆曾出现诸多社会运动或改良努力，它们反对种姓歧视，主张众生平等，但一切终归是徒劳。

公元前6世纪初佛教与耆那教以及15世纪锡克教的兴起都是缘起于反对"婆罗门至上"的各种社会思潮。尽管如此，佛教、耆那教和锡克教并未能在印度社会取得持久的主流地位。伊斯兰教的平等观念在印度社会也没有得到完全落实。例如，那些改宗伊斯兰教的原高等种姓教徒依旧在心理和行为上难以接受与较低种姓的改宗者平起平坐。

印度次大陆前赴后继地出现了许许多多旨在争取种姓平等的宗教改革。例如，11—17世纪的"虔信派运动"、19世纪出现的梵社和"圣社"以及罗摩克里希那传教会等印度教改良运动，它们个个都反对种姓分立和歧视，并在实践中主张种姓平等。然而，运动的结果是：每一次新宗教运动仅仅是增加了一个新的教派、新的亚种姓而已，种姓分立与歧视仍存。究其原因，这样的宗教改良都在"宿命观"里打转转，将主要精力聚焦于证得"梵我一如"的"来世解脱"这一命题上，而从未能形成针对当下的世俗革命。

在英国人统治印度的早期，英国资产阶级出于对印度的无知和对西方文明的优越感和傲慢，曾有彻底打破印度社会阶层构成并塑造一个新印度的雄心壮志，如大刀阔斧地进行了一些包括废除种姓不平等内容在内的社会经济改革。然而，这种做法很快便遭到高种姓们的联合反抗。这种反抗终在1857年的民族大起义中达到顶点。当得知大起义的主要力量（即孟加拉雇佣军）里半数以上是婆罗门这一事实时，英国人也不得不深刻反省自身的一些做法。最后，他们悟出一个道理，即"加拿大的皮袄不适于印度炎热的气候"。英国人继而更加明白，保留种姓制度使印度永远处于诸多集团彼此对立的状态对其殖民统治利大于弊。于是，英国人开始实行一系列加强并固化种姓制度的政策和做法，如按种姓登记人口、推出贱民政治权利保护政策等。这些做法无疑将基于宗教、种姓的集团分裂合法化、固定化了。因此，当代有些学者甚至极端地认为，种姓制即使不是英国人发明的，至少也因英国人的殖民统治而成了一种特别严格的社会现象，是"一种独属于印度的文明社会形式"。

真正世俗意义上的社会改革运动只是到了近代西方资本主义生产方式输入以后才出现的。受资本主义生产方式以及与之相联系的资产阶级的平等、自由等思想的影响，印度国大党早期领导人，如圣雄甘地等，对种姓制度下社会不平等的解决方案就远远超出宗教范畴而深入现实社会了。例如，甘地把废除贱民制、消除种姓偏见等工作视为民族解放运动的重要组成部分。国大党无论是在印度独立之前还是独立之后都努力通过立法、开展运动、制定政策等手段消除种姓的不平等。当前，莫迪政府大力推进"国族再造"运动，以铸造"一个国家、一种语言、一个民族"，实际上仍是在解决种姓文化或种姓制度带来的历史遗留问题。

70余年的印度建国史证明，再往前回溯至英殖民征服次大陆以来的250多年的历史证明，"破山中贼易，破心中贼难"。历经数千年风雨的种姓制度早已在以印度教徒为主的社会里盘根错节、树大根深，直扎人们的内心深处。历史上的改良者也好，英国殖民者也好，圣雄甘地也好，以及建国后印度各色领导人也好，他们批评的是种姓制度的不平等而非种姓制度本身，要革除的是印度教的陋习而非印度教。尼赫鲁对种姓制持一种比较反对的态度，但他也说过："在印度人们保持着种姓制的条件下，印度终归是印度；但是从他们与这个制度脱离关系的那一天起，印度就不复存在了。"因此，他们诸多的改良努力多少带着唐·吉诃德的精神。而在印度教民族主义日益勃兴的当代，改革种姓制度与观念就更难了。在印度民族主义的深层意识中，种姓制始终是一个难解的情结。

更为重要的是，印度建国后，其日益发达的多党民主政治使种姓政党大量涌现。1952年印度第一次大选时，印度参选政党即有196个；2019年大选，多达2354个政党在中央选举委员会登记注册，其中450个政党推举了8000多名候选人，角逐543个议席。地方选举更是充斥着种姓政党的混战。随着各政党千方百计争取本种姓选民的支持，种姓的政治化不但进一步固化了种姓间的分野、对立与生存空间，更带来了印度政治版图的严重碎片化，并牵制着印度大国崛起的步伐。

印度尽管并未"销声匿迹"地离开国际政治大舞台，未来肯定也不会离开，但其离"有声有色"大国地位的距离既没有比尼赫鲁建国初期更近，当然也没有更远。

第二章

参 考 文 献

1　《马克思恩格斯选集》，人民出版社 2009 年版。

2　[印] 贾瓦拉哈尔·尼赫鲁，向哲溶 等译:《印度的发现》，上海人民出版 社 2016 年版。

3　[德] 马克斯·韦伯著，康乐、简惠 美译:《印度的宗教:印度教与佛教》， 广西师范大学出版社 2010 年版。

4　[印] K.M. 潘尼迦，吴之椿译:《印度 简史》，生活·读书·新知三联书店 1956 年版。

5　[印] 迪帕克·拉尔著，赵红军主译: 《印度均衡——公元前 1500—公元 2000 年的印度》，北京大学出版社 2008 年版。

6　[英] 理查德·霍尔著，陈乔一译: 《季风帝国——印度洋及其入侵者的 历史》，天津人民出版社 2019 年版。

7　[美] 罗伯特·D.卡普兰著，吴兆 礼、毛悦译:《季风:印度洋与美国 权力的未来》，社会科学文献出版社 2013 年版。

8　[英] 蓝诗玲著，刘悦斌译:《鸦片战 争》，新星出版社 2015 年版。

9　[美] 斯文·贝克特著，徐轶杰、杨 燕译:《棉花帝国——一部资本主义 全球史》，民主与建设出版社 2019 年版。

10　尚会鹏:《种姓与印度教社会》，北京 大学出版社 2001 年版。

11　任佳、李丽编著:《印度》，社会科学 文献出版社 2016 年版。

12　陈小萍:《印度教民族主义与独立后 印度政治发展研究》，时事出版社 2015 年版。

13　刘建、朱明忠、葛维钧:《印度文 明》，中国大百科全书出版社 2017 年版。

14　黄思骏:《印度土地制度研究》，中国 社会科学出版社 1998 年版。

15　王红生:《论印度的民主》，社会科学 文献出版社 2011 年版。

种姓制度与印度历史上的动荡

16　陈峰君:《印度社会述论》,中国社会
　　科学出版社 1991 年版。

17　赵伯乐:《印度民族问题研究》,时事
　　出版社 2015 年版。

18　陈峰君:《世界现代化历程——南亚
　　卷》,江苏人民出版社 2012 年版。

19　陈峰君:《印度社会与文化》,北京大
　　学出版社 2013 年版。

20　孙培均等:《印度垄断财团》,时事出
　　版社 1984 年版。

21　林承节:《殖民统治时期的印度史》,
　　北京大学出版社 2004 年版。

3

第三章

圈子文化：日本凝聚力的悖论

　　长期以来，日本社会一直认为本国国家安全的法律
制度不完备，民众的国家安全意识淡漠。很多人特别是
日本右翼宣称日本缺乏国家安全法律，让其成为"间谍
的天堂"，等等。但实际上，日本的国家安全并非如他
们所说的那么不堪。日本的圈子文化，也就是集团主
义，在维护其国家安全方面起着非常重要的作用。圈子
文化之所以是日本国家安全的"关键词"，一是因为圈
子文化渗透于日本政治、经济、社会、文化、生态等各
领域的方方面面，可以说到哪儿都能看到它的身影；二
是因为圈子文化的社会体现的就是一个个圈子，有圈子
就有边界，就会有圈子里与圈子外。圈子里的人"眼睛
向内"，首先考虑集团的利益，便于酝酿出较强的内部
凝聚力。而内外有别、亲疏不同的相处之道，也为维护
日本的国家安全提供了较有利的条件。

　　但物极必反，圈子文化也是一把双刃剑，在维护日

本安全的同时，也被军国主义者利用，成为对外侵略的工具，给日本的国家安全带来灭顶之灾。

当然，圈子文化本身并非"罪魁祸首"，它只是工具而已，如果运用得当，就能为国家安全提供必要保障，反之则可能助纣为虐。这是日本的圈子文化与国家安全的辩证关系。

圈子文化无处不在

对任何一个国家而言，没有战争，没有政治、经济、社会动荡，这个国家就是基本安全的，只是安全程度有高有低。所以安全与稳定、秩序等都是一体的东西。而日本的圈子文化，恰恰在维护稳定和秩序等方面，具有很强的功能性。

比如说，舆论的走向对引导民心、维护政权威信与威严、维护社会秩序，都有着极为重要的意义。在西方的政治学教科书中，媒体被称为"第四权力"，起着监督政府、规范权力的作用。但在日本，媒体的这种地位并不存在。虽然日本的主流媒体也自称"第四权力"，但实际情况却与理论大相径庭。

日本的舆论和宣传很注重"圈子"，也很讲政治。日本首相官邸、中央政府部门和各地政府都设有记者俱乐部，由各大主流媒体派驻该机构的蹲班记者组成。全国共有800多个记者俱乐部。记者俱乐部是个封闭性的集团，不是谁都可以进的，一般只接受主流媒体记者。小报周刊、自由媒体人、外媒等往往难以加入，甚至如《纽约时报》这样的世界性媒体的驻日日籍记者都曾因被排除在外而大吐怨言。

日本政府机构一般只针对记者俱乐部召开记者会，主流媒体事实上通过记者俱乐部垄断了新闻资源，形成自身的特殊优势。而为了维护与政府的关系，媒体自然要听政府的话，否则就会被冷遇甚至踢出圈子。听话的，可以给予"胡萝卜"奖赏；不听话、老批评政府的，就会被施以"大棒"惩罚，切断某些新闻来源。日本的 TBS 电视台就曾因批评安倍的政策而遭到自民党"不接受该台采访"的制裁。

在这种注重圈子文化的氛围下，日本主流媒体的头版很多时候大同小异，成为西方媒体界中一道独特的风景线。当然，日本媒体有其自身的倾向性，如《产经新闻》右翼色彩比较强，对执政的自民党支持力度较大。《朝日新闻》则较倾向于欧美自由主义，有时为了迎合读者，也会对自民党政权有所批评，但这种批评很多时候不痛不痒，其目的只有一个，那就是维护好这个集团、这个圈子。

所以，在圈子文化的氛围之下，日本主流媒体成功引导了对政府有利的社会舆论。可以说，日本虽然没有政府宣传部门，但是在驾驭媒体、控制舆论阵地方面做得一点都不差。

再看日本社会。本尼迪克特的《菊与刀》专门有一章讲述了日本社会的相处准则，标题是"各得其所、各安其分"，说的就是日本社会的"秩序性"。社会秩序的稳定，显然是国家安全的重要组成部分。我们谈及日本企业特色时，经常会讲到"终身雇用制度"和"年功序列制度"。前者是说如果某人成为公司职员，只要不犯大错，就不会被开除，从而免除了其绝大部分后顾之忧。后者常被认为是企业内的"论资排辈"，但实际上，按照入职年限的长短给予不同待遇，本身也有一定合理性。一些大公司过去制定工资标准时，按照职员年龄的大小决定，如 20 多岁的人月薪 20 多万日元，30 多岁的人月薪 30 多万日元，而到了 40 多岁，则达到 40 多万日元，这并不是说 40 多岁的人的贡献就比 20 多岁的人大，所以给予的薪水也较高。这只不过是在终身雇用的前提下，企业在代际之间所进行的平衡。40 多岁时之所以能拿到 40 多万日元，是因为他需要这么多薪水，这个年纪正是职员上有老下有小的时候，公司在其年纪较轻时故意给予较低工资，到了他该用钱的时候，将过去为他积攒的一并发放给他。

这些制度确保了企业内的秩序稳定。有人说，这些制度扼杀了竞争，不利于经济效率提升。但日本二战后几十年的社会稳定，这些制度的贡献不容抹杀。在终身雇用制度之下，日本的失业率非常低，这也是日本犯罪率低、社会幸福感相对较强的原因之一。在企业内部，"各得其所、各安其分"的圈子文化，削弱了内部竞争，但同时也让集团的成员不用担心失去工作。薪水和职位随年龄增长的制度，让职员对未来有较为清晰的预期，这有利于企业和社会的稳定。

除了上面提到的两个例子外，圈子文化还存在于日本社会的方方面面，这是日本式稳定的基础条件之一，甚至可以说是不可或缺的条件。

凝聚力的源泉

近代以来，日本政变并不常见。大家熟知的二战前发生的两次政变"五一五事件"和"二二六事件"，其本质并非军部对政治家权力的"武装夺权"。当时日本军队内部的一批年轻人，反感社会上层（包括高级将领和高层政治家在内），认为他们败坏了国家，让普通民众陷于苦难，于是提出"清君侧"的口号，要求扫除天皇身边的"毒瘤"，让日本真正实现"一君万民"，即"除天皇外，众皆为其子民"——的理想社会状态。

和梁山上的宋江一伙一样，这些军内少壮派"反贪官不反皇帝"，也就是说他们对构建以"天皇"为顶点的权威体系并不反感。其政变的目的并非推翻天皇，也不是架空天皇，而是为了让天皇掌握并行使权力。这种政变模式，在世界范围内都少有他例。

整个日本可以说是一个大集团、大圈子。而这个大集团之所以能维持秩序和稳定，之所以有凝聚力，天皇的作用不容忽视。虽然天皇不一定直接使用权力，但在二战前的日本，天皇无疑具有极大的权威。在二战后的日本，天皇虽然不再是法律意义上的

国家元首，但仍然受到很多日本人的崇敬和爱戴。很多日本的老年人，以被选中到天皇的皇居清洁打扫一天、为天皇"奉献"为荣。2011 年"3·11"大地震后，当时的明仁天皇夫妇到灾区视察与慰问，起到不小的稳定民心、维持社会秩序的作用。

在一个集团中，拥有一个权威的核心，相比没有核心或有多个核心，在维持凝聚力和稳定性方面有很大优势。二战日本投降之后，日本的混乱期相对较短，战败对社会秩序的冲击也并未达到毁灭的境地，天皇起到一定作用。

二战后美国之所以保留日本的天皇制，当然是为了方便其统治日本。昭和天皇的投降广播，让手持竹枪准备与美国人"一亿玉碎"的日本国民放下了武器，非常顺服地欢迎美国人进驻。日本民众对美国的态度，在投降前后大相径庭。参与东京审判的中国法官梅汝璈先生在其日记中谈到他在日本的观感："（美军）游行阵列经过东京各大街市，美日警察维持秩序，路旁观者如堵。从日人老幼男女的面部表情上，我一点什么看不出来。论理他们对这极富刺激性的示威，应该是愤恨或羞愧。但是，我一点儿看不出来。……据说自美军登陆起到现在，一件'意外事件'都没有发生过。"

事实上，日本民众在二战后，从抱定"一亿玉碎"的"必死决心"转而"拥抱和平"的转变时间极短。甚至那些在此前不久还叫嚷着"鬼畜美英"、决心要与登陆的美军决一死战的日本人，在投降后却成为欢迎美国麦克阿瑟的"排头兵"。

他们对美军如此，对中国人也并无二致。梅汝璈与友人从热海回东京途中，汽车陷入淤泥不能动弹。梅汝璈先生讲述道："在我们车子挣扎的时候，那些气力较大的日本人都很踊跃地来帮我们推拉，大卖气力，他们明知我们是中国人，但丝毫没有愠色。"

梅汝璈先生见识之广，当时看到这一幕幕，也颇觉诧异。在中国人的传统思想中，被占领意味着亡国，"亡国之痛"即便不能转化为行动，也至少要表现在颜面之上，但那时的日本人却毫不动容。梅汝璈先生的日记并没有对此做出深入的解释，却为我们提供了第一手的信息资料，从中我们可以一窥当时普通日本人

的心理状态。

在日本民众看来，战败投降是天皇做出的决定，忠诚于天皇，就要遵守他做出的任何决定，这是当时日本统治者灌输给普通民众的理念，也为普通民众所遵从。所以，在天皇下令放下武器之后，绝大部分的日本人没有反抗；当天皇与美国占领军合作的时候，民众也跟随天皇扮演了合作者的角色。

即使在战败后整个经济陷入崩溃的境况之下，日本也没出现强有力的革命风潮。20世纪50年代初，日本共产党在当时苏联的影响下，曾提出过武装斗争的方针，但并没有得到民众的响应，最终日共的武装斗争失败，回到了"议会斗争"的老路。

因为当时的日本社会普遍存在对天皇的忠诚与依赖，因此日本能够维持稳定，而且并未因战败而分崩离析，并在较短的时间内重新恢复了生气，乃至最后逐渐走上经济高速增长的道路。

日本这个大圈子如此，在日本社会存在的形形色色的小圈子也不例外。日本著名思想家丸山真男曾将各种圈子、集团形象地比喻成"章鱼罐"。日本法政大学教授王敏更进一步地阐释，在"章鱼罐"内部，还存在着自己的"罐主"。这种"罐主"的权威，是确保集团稳定与凝聚力的关键。比如，自民党的派阀是一个标准的"章鱼罐"，派阀领袖就是"罐主"。领袖在派阀内部具有非常强大的威慑力，这也是田中角荣因洛克希德事件被迫辞去首相并被判刑的情况下，仍能操纵日本政坛10余年的关键所在。

日本政治能够稳定，除了权威这一主要因素之外，集团内部的制约也是值得一提的重要因素。

在二战之前，日本军部强力推行军国主义的对外侵略路线。掌握军队的军部，理论上具有摧毁原有的政治体系的实力，但是这种极端的情况并未发生，日本并没有出现完全意义上的"军人政权"。尽管军部和军人在政权内有很强的发言权。东条英机等军部首脑最终成为首相，也并非政变所致，而是原有的政治体系内权力斗争的结果，文官体系依然对军部的权威有所制约。

之所以会如此，除了天皇这一因素外，还在于军部内部也并非铁板一块，而是存在着各种各样的利益集团。二战期间，日本海军与陆军间相互对立与排斥。两者不仅在战略方向上南辕北辙，内斗激烈，甚至在装备发展、人员交流等方面也壁垒分明。陆军或者海军引进海外武器技术时，宁愿各向外国厂商交一遍专利费，也不愿互通有无。中途岛海战日本海军溃败后，海军方面严密封锁消息，甚至讳败为胜，原因之一就是害怕陆军借此生事，打压海军。在陆军内部，也存在所谓的统制派与皇道派的对立。皇道派主张改变既有的军队内部统治体系，建立以天皇为顶点的新的统治体系；统制派则主张维持既有的军队内部统治体系。简而言之就是，皇道派是主张打破既得利益体系的派别，而统制派是维护既得利益体系的派别。他们在推行侵略战争方面是一致的，但内部分歧使他们相互制约，影响他们去追求进一步的权力。海军内部也并非铁板一块。二战前存在着所谓的舰队派和条约派的激烈纷争。这种小集团之间的对立与纷争，有着相当强的制约作用，阻碍了他们拧成一股绳去达到更大的目标。比如陆军如果要去夺权，海军就会警惕他们夺得大权之后打压自己，因此会去扯对方后腿；陆军内部的情况也大致如此。所以，相互制约往往会导致一种动态的稳定，也就是存在一些矛盾与斗争，但整个体系与局面不会产生剧烈动荡。

内耗的基因

对权威的维护与遵从，确实能维护圈子的稳定。但任何事物都有两面性。山头、圈子之间的对立与争夺也会造成内耗，对政策的制定与执行形成掣肘。同时，圈子利益至上、压制集团内部的不同声音，也会让集团的走向产生偏差，长此以往，就会导致不良的后果。

日本政府的省厅，相当于我国国务院所属各部委办。日本媒体形容它们的时候常用一个词——"纵向条块分割"。理论上，政府的各项政策推出后，需要政府各部门通力合作，各自发挥所长，从而形成合力，达到"1 + 1 > 2"的效果。但在日本政府的实践中，却往往很难达到"1 + 1 > 2"的协同效应。日语中

有一个固定的词汇叫作"省益"，也就是说，政府官僚在行为做事的时候，并不是将国家利益这一当然的目标放在第一位，而是优先考虑本省厅、本部门的利益。

比如日本的幼儿园有两个体系，厚生劳动省管辖的叫作保育园，文部科学省管辖的叫幼稚园，本来二者没有特别大的差别，只是主管部门不同而已。但在这些机构工作的人员，如果只拿到厚生劳动省的资格证书，就不能在幼稚园工作，反之同理。这种以本省厅利益为先的做法，造成无谓内耗，对政府施政来说也是有负面作用的。

集团利益至上，集团稳定为先，还表现在不容许出现本集团内部成员"胳膊肘朝外拐"的情况。日本社会要求对集团或者圈子绝对忠诚，不允许出现反叛行为，这跟中国有所不同。中国社会中的"忠"不是无条件的忠诚。所谓"良禽择木而栖"，如战国时的士道那样，一个人才可以选择自己的忠诚对象。当统治者缺乏仁义之心的时候，民众有权脱离甚至反对这个统治者。因此，在中国历史上对无道夏桀揭竿而起的商汤、对残暴商纣起兵征讨的周武王，都被后世尊为圣贤。

在日本社会，商汤、周武肯定会被否定。日本的"忠"是集团的行为准则，是对集团本身的服从，它往往表现为对集团首领的服从，对首领的"忠"具有某种意义上的绝对性和唯一性。所以当社会利益与集团利益有冲突的时候，如果有人为了社会利益而背弃集团利益，这个人就会被视为"叛徒"，从而受到排挤、打压。所以，集团内的个体往往为了自身的利益，被迫选择服从。

比如这几年成为舆论焦点的日本社会的"性骚扰"问题。日本女记者伊藤诗织诉山口敬之的官司一审虽然赢了，但在日本"伊藤诗织"只是极少数。根据日本政府2017年的调查，仅4%的女性会站出来为自己讨公道。伊藤是日本史上首位以公开身份、本名告发性骚扰事件的女性。之所以如此，是因为这么做的代价极为巨大。她的告发虽然是对自己权利的维护，同时也是对女性权利的维护，在社会上具有正面意义，但在现实中她的行为却破坏了本单位与山口敬之单位之间的关系。在日本，这种性骚扰某种程度上是一种潜规则，就算发生了，本单位的头头脑脑为了维护单位之间的关系，也会尽力使其大事化小、小事化了。伊藤的告发实际损害了本单位的利益，让该单位之后的采访面临很多的麻烦。所以伊藤不仅在原先的工作单位也就是自己本身所属的集团内无法存身，而且由于本集团利益至上的信念被很多人深信不疑，所以即使是在日本舆论中，也有相当一部分人并不认可她的做法。

在日本社会，所谓的内部告发，即集团成员向执法机关、上级管理机构等举报，也是不被鼓励的。内部告发是对集团的重大伤害，不仅会让集团内的重要人物受到牵连，同时也会让整个集团蒙羞，所以这种行为往往会被否定、被压制。比如 2018 年被曝光的神户制钢、高田气囊等厂家，都是 10 多年连续造假，但始终未能被揭露出来。这些企业内部的人不是不知道有问题，而是面对问题的时候大多会犹豫、会害怕，觉得一旦自己说出实话，将面临极大的代价，不仅不能在本企业内部再待下去，而且即使离开了这个公司，其他公司也会因为自己曾经"背叛"公司而视自己为"脑后有反骨"之人，再就业将面临重重困难。

这种以集团利益为先的文化，会造成极为恶劣的后果。上述一个企业的产品长期不合格却无人过问的现象便是其中之一。企业如此，国家更是如此。从明治维新开始，日本就在逐步走向对外侵略的道路，其间不是没有反对的声音，但是这种声音较为零星，很难形成潮流。比如在二战期间，即便是在德国国内也存在反战力量，但是在日本，反战力量几近于无。道理很简单，在集团利益至上的情况下，某一种决定做出之后，为了维护集团的利益，不容易出现反对的声音。就算有人愿意冒天下之大不韪站出来，也很快会被排挤、被淹没甚至被抹杀，最终湮灭。

正是因为缺乏这种对错误方向的纠正能力，日本才在对外侵略的错误道路上越走越远。尽管以集团利益为先会强化凝聚力，但这并不是对国家安全绝对有利，如果这种凝聚力走向了错误的方向，就会对国家安全造成难以估量的损失和伤害。

日学为体

外界有一种误解，认为日本文化是中国文化的分支。英国著名历史学家汤因比在其《历史研究》的文明分类中就是如此认为的。确实，在文化的某些方面，比如日本的传统建筑以及衣、食、住、行等各个方面，都受到中国的深刻影响。在意识形态方面，中国的儒学、汉地佛教乃至道教，都对日本文化的发展影响颇深。前者比如榻榻米、和服等，都与中国唐代有着难以割舍的联系，而奈良的日本宝库正仓院，更是以藏有丰富的唐代文物著称。后者比如日本佛教的南都六宗，均为中国唐代佛教传入日本后形成，而中国的禅宗在进入日本后也被发扬光大，影响力巨大，甚至被认为与武士道有着密切联系。朱熹的"朱子学"也被视为江户幕府的主导意识形态。

但是，日本对中国文化的引进并非融合式的接受，这与中国古代层出不穷的文化融合不同。中国文化的发展历经多次大融合。比如经历两晋十六国、南北朝的中国文化，在唐代的表现就与汉代有着很大的差异，这是民族融合的结果。华夏族作为主导文化，吸收、融合了各少数民族的文化，形成新的文化特征。

日本的情况与此不同。外界在谈及中、日、韩三国时，常会称它们属于"儒教文化圈"。这种说法强调了某些共性，但不能说在这些国家主导意识形态就是儒教。各国都有自己的文化特征，儒教只是其中之一，甚至只是表层的特征，核心的还是各自的文化。比如日本，以神道教为代表的万物有灵的宗教文化，才是其文化的核心特征之一，这其实与强调理性、"敬鬼神而远之"的儒家文化是相悖的。

在引进其他民族文化的时候，无论是古代日本人还是现代日本人，都从未囫囵吞枣、照抄照搬地来完整替代自己本土的文化，而是按照自己的需要，有目的地引进外部文化。比如公元 8 世纪日本律令国家引进唐代各种政治、经济制度，却并未引进科举制度。隋、唐确立的科举制度，起到的是瓦解既有贵族统治体系的作用，让许多寒门地主从下层走向上层。如果这种制度落地当时的日本，显然会对当时统治日本的豪门贵族构成极大威胁。

　　日本对佛教的引进，也鲜明地体现了上述特色。在日本文化中有所谓的"本地垂迹""神佛习合"的说法，其实就是用神道的体系来容纳佛教体系，从而实现神道与佛教的相容。比如"天照大神"就被认为是佛教密宗"大日如来"在日本的显现，两者本质上是一回事。佛教在落地日本的过程中，吸纳了很多日本本地的文化特色，因此其表现形式也发生了很大的变化。直至今日，在日本的佛寺一角一般有一个神社，而在神社的一角也一般会有一个"神宫寺"。这种相容不悖，在其他国家是极为少见的。

　　到了近代明治维新之后，有一段时间日本在建筑、服饰、法律乃至政治制度等方面，全面向欧美靠拢，这段时间的"移风易

> 日本京都东寺内的镇守八幡宫神社

俗"对日本的影响不算小，不仅留下了很多西式建筑，甚至现在内阁组建后大臣们到皇居接受天皇"认证"时所穿的服装，也是那时确定下来的西式礼服。这段时期被称为"全面西化"，表面上好像是用当时"先进"的西方文化来替代被他们认为是"落后"的中国文化。这也成为后世许多人认为的，是日本能够在短时间内实现崛起，成功跻身列强行列的重要原因。

不过，明治维新后日本曾经有过一个词汇——"和魂洋才"，其意思和清末张之洞大力鼓吹的"中学为体、西学为用"有异曲同工之妙，都是强调要坚持自身文化的主体性、主动性，有选择地引进西方的文化、制度、科技等。

日本学者富永健一在其"现代化理论"中指出，现代化可以分为技术与经济的现代化、政治的现代化、社会的现代化以及文化的现代化。富永健一认为，后发国家在吸收先发国家的这四种现代化的时候，其难度是依次而上的。事实上，日本做得相对较好的是技术与经济的现代化，而其余的三种现代化，比如政治的现代化、社会的现代化以及文化的现代化，日本其实都并没能彻底"西化"。

日本著名思想家丸山真男在谈及日本法西斯运动时，引用了当时日本村治派同盟书记长津田光造的话："在日本的家族主义中，不是像近代西方文明诸国那样，将社会的基调置于个人权利的主张上，而是置于对整个家族的服务。家族在社会上是一个独立的生命体，或作为生活体其自身是一个完整的细胞，而个人只是这一完整细胞的一部分或一要素……这种家族主义的延长扩大即是我们的国家主义。我们的国家主义也就是这种家族的民族结合体。而作为这种民族结合体的国家元首，其家长、其中心、其总代表就是天皇。"

在这种圈子文化主导的"家国同构"体制下，文化的引进，必然要经过集团内部意识形态筛子的筛查。如果是适合于这种意识形态的，就会引进；如果是对这种意识形态造成冲击的，就会被拒绝。

比如明治维新后虽然引进了西方文化，但是欧美政治制度，特别是英美民主制度，却被当时的统治者视为洪水猛兽。在维持天皇统治和官僚统治阶层既得利益的前提下，当时日本颁布了宪法，也进行了有限的选举。但制度却主要学习了德意志政治体制，原因无他，德意志是帝国，与日本的天皇统治有共通之处。

战后，日本虽然引进了西方式的民主政治制度，日本的统治者，比如前首相安倍晋三高谈自由、民主、人权等所谓的"普世价值"。但实际上，上述价值观并未被日本社会真正接受，或者是有其名而无其实。这些价值并未在日本社会深深扎根，也并未成为政治规则。很大程度上，这些"普世价值"就是招牌，一个显示自己与欧美意识形态"一致性"的招牌。

比如日本的执政党自由民主党（简称自民党）。在该党成立

之后的几十年间，其内部运行不自由也不民主。"派阀政治""大佬政治""密室政治"都是形容自民党的常用词汇。派阀内部，领袖的威权具有绝对优势，民主制度也只是一种程序而已。名义上的党内最高决策机构"总务会"一直以来奉行在欧美不可想象的"全场一致"的表决方式。"少数服从多数"本是民主的应有之义，在总务会却被视为破坏团结的负面因素。矛盾不可能没有，但矛盾不能体现在最终的表决中，必须在表决前通过私下沟通来解决、消弭。通过水面下的相互协调，不让矛盾表面化，从而给所有参与者留面子，以维护圈子内的稳定与和谐。

再比如日本政府的所谓"审议会"制度。按照其应有之义，审议会应该是政府邀请某方面的专家学者就某一问题各抒己见，从而让政府"兼听则明"，增强决策的科学性和有效性。但日本著名经济学家野口悠纪雄明确揭露了所谓"审议会"的真面目："政府举行的'审议会'或者'咨询委员会'之类的也是'虚假引用'的一种。（专家）回答的内容从最开始就已经（被政府）确定了，只是在形式上通过审议会的讨论而已。"

圈子的壁垒

2019年底，著名车企日产的前会长卡洛斯·戈恩在保释期间，在日本人"毫无察觉"的情况下偷偷潜出日本，逃往其祖籍地黎巴嫩。在事后戈恩的声明中，他指责日本政府对其进行了司法迫害，致使其最终选择离开日本。

对此事件的起因有诸多的说法，甚至有人认为这是日本政府与法国政府在争夺雷诺日产联盟的控制权。不过，从这个事件中，我们真正能看到的是日本圈子文化在企业中的一种体现。

在日语中有一个词叫作"外人"。在汉语中也有此词，二者意思大致相同，都是指"本集团或者本团体之外的人"，但二者也有微妙的差别。在日语中，"外人"一词有着轻微的贬义，可以转化为"非我圈子之人，其心必异"。

在日产，戈恩就是一个"外人"。20世纪末日产濒临绝境的时候，法国雷诺收购了日产的股权，戈恩进入日产，对其开始了大刀阔斧的改革，解雇职员，关闭工厂。几年内，他让日产起死回生，扭亏为盈，戈恩也被外界视为日产的"救世主"。但戈恩的文化与日产的圈子文化在此过程中也产生了激烈碰撞，戈恩的"独裁"与"专制"，大大地动了日产原有统治体系成员的"奶酪"，两者之间的仇怨不断加深。从本质上来讲，日产内部日本人的圈子，不愿意"外人"来干涉他们自己的行为方式。所以戈恩自己也说："复兴后的日产不想再受这个法国人指手画脚，最好的办法就是把我赶走。"

圈子文化决定了日本企业很难接受"外人"。过去很长一段时间，在华日企的头头脑脑，几乎都是由日本人担任，这与欧美企业形成鲜明对比。欧美跨国公司的中国区总裁等岗位，多任用中国本地人或自己国家的华裔华侨，其目的是更好与中国市场融合、与中国各方面打交道。日本公司并非不知雇用中国高管的好处，但圈子文化还是让他们一时间难以接受此种做法。

日本企业的这种内向化、集团化，虽然会因为拒绝外人染指他们的"蛋糕"而导致效率缺失，但是在企业的经济安全问题上，他们是敏感的。而日本政府在此问题上旗帜鲜明地支持日产的日本领导层，也说明政府在经济安全上的敏感性。虽然客观上说这种敏感性已经超出必要程度。

日本的工会也浸染了圈子文化。在美国，有劳联、产联这样的跨区域、跨行业的巨型工会组织。但在日本，工会首先是企业工会，其次才是行业工会，像"连合"这样的工会集团组织，实际上只是各个工会的集合体，缺乏真正的对旗下组织的指导与领导能力。在企业与企业之间有矛盾的时候，企业工会之间的关系也是首先考虑本企业的利益而非工会的利益，因为工会的会员本身就是企业员工，是企业这个"集团"的成员，所以不会"胳膊肘往外拐"。

　　工会优先考量本企业的利益，一方面能够加强工人对企业的归属感，这无疑对增强企业的凝聚力是有利的，对提升企业的生产效率也能产生正面影响。另一方面，劳资斗争能够控制在较小的规模。在日本几乎很难发生欧美经常见到的大规模行业性罢工，劳资关系相对而言较为和缓。这能使企业维持稳定的运营，对经济安全的影响无疑也是正面的。

　　圈子文化还体现在日本的国债问题上。日本政府的公共债务已超过其 GDP 的 2 倍，外界一直认为日本迟早会发生财政危机。但时至今日，日本并没有发生如欧债危机那样因国债远超 GDP 而导致的经济危机。原因除了日本政府拥有大量的资产，在很大程度上可以平衡债务之外，日本的国债大部分为国内持有也是重要因素。在 2013 年安倍大搞量化宽松之前，日本国债 90% 以上为日本央行和日本商业银行持有，外国持有比例不足 10%，这是稳定日本国债价格与财政的重要杠杆。这几年随着日本央行大量收购国债，央行持有国债比例超过 40%，外国持有比例有所上升，但大部分为国内持有的格局并未发生根本性转变。

将日本银行的这种行为拔高为"爱国主义"实无必要。对银行而言，赚钱是唯一目的，如果购买本国国债会让其利益大损，它也会毫不犹豫地将其抛出，不可能为了"爱国主义"而不顾损失。日本国内银行持有本国国债，除了有利可图之外，它们习惯性地信任本国国债也是重要原因。在圈子文化的思维惯性之下，对自己熟悉的集团内部的事情，天生具有信任感，而对集团外的事务，因为不熟悉，对其未来的走向有担忧，就会导致其倾向投资内部。对日本国债的投资，是日本人在圈子思维下的"理性选择"，而不是爱国主义情操推动的结果。当然，在客观上，日本商业银行等投资者的行为，起到了维护经济安全的作用。

日本还有所谓的"主银行制度"，即特定企业和特定银行间存在长期交易关系。主银行不仅向企业提供贷款，同时也持有企业股份，从而能够监控并干涉企业经营，企业如果出现危机，主银行可以出手干预。主银行制度本来就是二战前日本财阀制度的一种变体，是美国占领军未能彻底根除日本财阀制度的产物。财阀是一种关系比较紧密的集团，而主银行制度是一种表面松散，实际银行与企业间有着紧密关联性的另一种集团。在这种集团中，主银行占据相对优越的位置，对企业有相当的发言权。通过维持这种集团，主银行既能够保证长期收益，同时也可通过联系来维护这个集团的安全。在此体系下，如果某一企业经营不善，主银行就可以通过自身或者联合其他金融机构共同出资，为企业输血，同时介入企业的经营，实际上就是对企业进行经营重组。但相对于其他国家企业在出现破产危机时临时由债权行介入经营相比，主银行因为长期与企业存在紧密联系，能够尽早介入，同时介入过程中的阻力也会小得多，从而能够更好地完成重组。当然主银行制度实际上给予企业"不会破产"的某种潜在保证，会导致企业在平时的经营中欠缺危机感，这是它的不利之处。但是这种制度可以防止外界的恶意收购，这也是其维护经济安全的另一功用。

日本"干净"的秘密

在经济高速发展阶段，日本也曾面临生态安全问题，且一度非常严重，但最终日本成功克服了环境污染等社会问题。其中圈子文化也发挥了独特作用。

韩国学者李御宁在论述日本文化的名著《日本人的"缩小"意识》一书中谈道：与韩国人走出去和观赏大自然形成鲜明对照的是，日本人喜欢将自然引进自己家中，让自己与自然亲密接触、融为一体，这就是日本庭院文化的来由。

同时，李御宁对日本人的"爱干净"也进行了其独特角度的解释：日本人之所以特别爱干净，是因为日本人不能容忍垃圾这种无用之物与其相处。在日本人的眼光中，自然是人为的自然，是与人共生的。

在工业化的过程中，日本也经历过生态遭到大幅破坏的时期，出现了几种因为重金属污染、大气污染等导致的"公害病"，比如水俣病、痛痛病、四日市哮喘等。特别是在二战后的高速增长时期，受到"增长第一"理念的影响，日本的环境污染曾经一度非常严重。如20世纪70年代的东京发生过"光化学烟雾"污染，甚至导致行人中毒倒地。但是在污染导致的公害成为社会瞩目的焦点之后，趋势发生了逆转。时至今日，赴日旅游的外国人对日本最突出的印象之一就是"日本很干净"。

对于污染的防治，法律和政府的监管当然是不可或缺的。自20世纪60年代起，日本民众接连不断的环境诉讼案件，催生了《公害受害者救济特别措置法》《公害健康补偿法》等系列法律构成的受害者救济制度。迫于大气污染判决的影响，以及公众要求污染损害赔偿的压力，政府1973年制定了《公害健康补偿法》，该法通过向污染企业强制征收污染费，为污染受害患者提供损害补偿费用，利用行政补偿手段实现了污染者负担原则。此外，还有《公害纠纷处理法》《公害犯罪处罚法》《公害防止事业费企业

负担法》等相关配套法律。还有很多诉讼在其中起到不小的作用。前几年如果有人经过丰田东京总部，就会看到一些老人安静地坐在总部门口一侧。不明所以的人肯定不知道是出了什么事情，实际上他们是来要求赔偿的。这些老人认为哮喘等疾病是因为汽车尾气导致的，要求车企赔偿。经过长时间的坚持，最终丰田等日本车企"服软"了，受害者也得到了赔偿。

导致这种逆转的，无疑是民众对环境的重视。在日本人的观念中，环境并非是自身之外的东西，而是被高度内化的，甚至已经被纳入人的圈子之内。对于日本人而言，环境和自己是一体的。日本的庭院文化非常发达，即使是在高楼之中，很多地方也会构建出幽静的小型庭院。破坏环境，就好像自己受到损害一样。所以在环境污染最为严重的那些年，日本人中甚至出现了反对经济增长的风潮，喊出了"见鬼去吧，国民生产总值"的口号。

民众对环境的重视，无论是对政府还是对企业，都是一种压力。而这种压力则是促使日本的环境污染治理能够在之后迅猛推行的基础。

另一方面，圈子文化又会对破坏环境的行为造成一定的制约。在日本，如果政治家或者明星发生了丑闻，企业对公共利益造成损害，他们都会在记者会上鞠躬表示"给大家增添了麻烦，我感到非常的抱歉"。日本人的道歉很独特，在中国人看来，道歉就是要承认自己的错误，甚至有时候还要深挖自己犯错误的根源，讲出导致自己犯错的心理基础。这是中国人的做法，但是在日本社会，道歉的方式却与中国迥异。对集团内的成员而言，不惹事、不受人注意是一种"善"。而如果因为自己的不当行为，引起了大家的注意，干扰了别人正常工作生活，就被视为比较严重的问题。日本式的"道歉"看上去只是一种习以为常的"仪式"，而且也很难让人觉得诚恳、彻底，但在日本却起到了制约行为的重要作用。

比如在某一个地方的企业，如果是个污染企业，其作为已经损害到了地方的群体利益。日本某一个地方的人，虽然不能说他们是关系紧密的集团的成员，但这个地方的社会，仍然有一种圈子的氛围。这种氛围会约束社会成员的行为。比如随地扔垃圾就会受到民众的谴责和蔑视，而如果某一个地方厂家敢公然排污，就会面临很大压力。这种压力，加上法律的约束，就会形成环保的外部推动力。排污工厂遭到反对和谴责，其在地方的名声就会败坏。企业的名声一旦败坏，无论是经营还是借款，都会遇到很大麻烦，所以企业在排污时会有很多顾虑，这在客观上有利于维护生态环境。

这种情况在交通不发达、人们活动范围普遍狭小的前现代社会是相当普遍的。中国有很多老字号，主要服务于街坊四邻，经营范围并不大，如果缺斤少两、偷工减料，很容易就会被当地人抛弃，被街坊四邻指着脊梁骨骂，这是促使一些老字号在质量上精益求精的动力。进入现代社会之后，随着社会交往的日益繁复，这种熟人社会逐渐为生人社会所替代，比如风景区、繁华商业步行街的很多"美食"味道差、价格贵，就是因为它们主要服务于生人，能斩一刀是一刀，并无顾忌。但是日本特殊的圈子文化，却让熟人社会的传统和规则保留了下来，并继续发挥着作用。

罪恶的幽灵

众所周知，日本在近代以"维护自身安全"为借口，逐步对周边国家进行蚕食与侵略。日本近代对外侵略的历史，反映了其"安全意识"的谬误，同时也能看出圈子思维在其对外侵略中起到不小作用。

日本的对外侵略并非始于第二次世界大战之前，而是其明治维新之后的既定国策。明治初期，统治层内部在"征韩论"问题上有分歧，但问题的核心并非是否应该侵略朝鲜半岛，而是是否应该马上就动手，也就是说，这只是策略上的分歧，而非方向分歧。此后，日本对中国台湾进行"试探"，1879 年正式吞并清朝藩属国琉球，1895 年通过甲午战争抢夺了中国台湾，直至 1910年正式吞并朝鲜，在逐渐强大的过程中，日本对外扩张的脚步从未停歇过。

从日本的对外扩张历程也可以看出，日本文化与中国文化有本质差别。中国文化本质上是拒绝对外扩张的，自古以来就有约束武力的观念:《司马法》言"国虽大，好战必亡";孟子说"威天下不以兵革之利";《盐铁论》则称"兵设而不试，干戈闭藏而不用"。

之所以如此，首先是因为中国文化注重文化影响力，只要接受华夏文化，就是自己人。夷夏之辨，并非因于种族，而是因于文化。扩张不一定能达到这个效果，有时反而会有反作用。中国文化有其与生俱来的开放性，并不特别强调集团性。

其次是因为中国人深知被占领土统治成本之大。中国古代朝廷对边境地区长期实行羁縻制度，也就是说只要对方名义上遵从中央政府即可，中央政府对这些地方实际上并不直接管理。中国自秦汉以来实行的是中央集权的政治制度，有一个中心，离中心越远的地方统治难度越大。所谓"天高皇帝远"，若对边境地区实施稳固统治，人力、财力的消耗都非常大。所以，中国传统上是内敛的，而非扩张的。明太祖朱元璋晚年在留给子孙后代的《皇明祖训》中说："吾恐后世子孙倚中国富强，贪一时战功，无故兴兵，杀伤人命，切记不可。"他还特别将朝鲜、日本、大琉球、小琉球、安南、真腊、暹罗、占城、苏门答剌、爪哇、西洋、白花、三佛齐、渤泥、溢亨15个海外国家列为"不征之国"。西方社会从其自身的经验和历史出发，将中国古代的朝贡制度视为"霸权"的象征。但事实恰恰相反，朝贡制度是维护地区和平的框架，而非统治其他国家的机制。朝贡体系在西方人看来是一种集团，但事实上却是一种松散的联系方式。中国在历史上并没有试图将这些朝贡国家组合成一个如同日本的"大东亚共荣圈"那样的有秩序的集团。

正是这种非集团的开放性，促成了朝贡体系下整个东亚地区的和平。

如前所述，日本在学习中国文化，尤其是在引进中国主流意识形态儒学的时候，恰恰没有引进儒学的核心、根本——"仁"。"爱人及人是为仁"，缺少"仁"的日本文化，与中国文化只是形似，本质上却大相径庭。明治维新之前的日本与欧洲中世纪有颇多相似之处，实行的不是中央集权的政治制度，而是"封建领主制"。当然，同为封建领主，日本和欧洲的起源并不一样，形态也有不同，但它们有一点是相同的，即都是"多中心"的统治模式。领土扩张之后，并不需要中央政府直接治理，只需要国王或者幕府的将军将新领土赏赐给某个下级领主就能实现治理，其统治成本远比中央集权要低。这种"历史习惯"深入这些国家的文化中，形成对扩张的不同的态度，可以说是历史建构了文化。

日本之所以在明治维新后迅速对外扩张，除了有帝国主义因素和上述历史因素外，圈子文化的影响也不容忽视。

明治维新后，当时的日本领导层和学界习惯性地使用圈子思维来看待国际局势。他们将当时西方列强在全球的扩张视为白人集团对有色人种集团——具体到东亚则是对黄种人集团的殖民与欺压。当时的日本人将自己视为黄种人集团的当然领导者，宣称自己与西方列强在东亚地区的利益争夺是为了反抗白种人集团的入侵。在19世纪末20世纪初，这种思维催生了所谓的"亚洲主义"。"亚洲主义"鼓吹黄种人的亚洲要团结一致，对抗白种人的欧美列强，而日本则是这个联盟也就是集团的当然盟主。黑龙会等日本右翼组织之所以支持孙中山等人的革命，目的当然不是为中国人民谋福祉，而是基于"亚洲主义"的意识形态，其最终目的是让革命成功后的中国倒向日本，将欧美排除出去，实现日本在东亚的统治秩序。

"大东亚共荣圈"则是圈子思维在二战对外侵略过程中的集中体现。"大东亚共荣圈"并非如当时的日本所宣传的那样，是一种"各民族平等相待、共存共荣"的体制，而是一种日本统治、奴役东亚各民族的方式，是"亚洲主义"在新时代的"借尸还魂"。

日本的扩张是集团向外的扩张，目的就是扩大自身的集团。但"大东亚共荣圈"并非平等的集团，也不是成员国自愿加入的集团，而是以日本为顶峰的如山岳一般不平等的集团，其他国家必须听命于日本，不能与日本分庭抗礼，"外人"不能与"内人"相提并论。所以，这样的一个集团是内部界限分明的集团，而非日本当时所宣传的那样是"八纮一宇（即天下一家）"。

当时日本"大东亚共荣圈"的宣传，在某些被英国、荷兰诸国殖民的国家，如缅甸、印度尼西亚等，曾经蛊惑了一些人为其卖命，可见这种宣传有较强的煽动性。但当这些国家的民众意识到日本并非"解放者"，而是与西方列强"换汤不换药"的殖民者时，这种虚伪的宣传也就最终破产了。

二战中，日本侵略的残暴性也有圈子文化的背景。集团利益高于一切，在很多情况下会表现为集团领袖高于一切。二战前的日本自称为"皇国"，军队则为"皇军"，日军的官兵都被灌输了"为天皇而战"的意识，因此早期的日军较为狂热，战斗力也较强。正因为是"为天皇而战"，所以在这种价值观的指引下，侵略便被美化为让世界变成"八纮一宇"，同受天皇"光辉的照耀"。

在圈子文化的浸润下，当时的日本人对"皇国"的信仰、对天皇的盲目崇信，早已盖过基本的道德准则。在他们看来，对外侵略是为了让天皇的统治覆盖更多地方，是"最大的善"，而非我们普遍意义上视作的"恶"。因此，当时日军的普通官兵都对侵略扩张缺少道德负罪感。日本在被占领地区的残暴行为，如南京大屠杀等，也因这种圈子思维——"集团的利益是最大的善，忠于天皇是最大的善"——而被"正当化"。这样种种残暴行为，道德沦丧、良心泯灭，导致一幕幕的人间惨剧。

"731部队"以活人作为标本进行各种试验，完全是道德沦丧的行为，但这种行为不仅在战争期间被日本军人视为当然，战败后原"731部队"的成员依然三缄其口，导致该部队的恶行很长一段时间都不为人所知。就算是原部队个别成员因良心谴责而欲吐露真情，也立刻会因受到来自其他成员的压力而最终屈服。即便是日本政府在此问题上也缺乏基本的道德标准。2003年10月3日，众议院议员川田悦子提交质疑书，询问政府如何认识"731部队"在中国进行细菌战的行为，如何认识中国民众在细菌战中受到的残害，政府是否有计划对细菌战行为展开事实调查等。同年 10 月 10 日，首相小泉纯一郎代表政府回复称：据防卫研究所保存的文书显示，"731 部队"的存在是一个事实，但从文书来看，目前无法确认"731 部队"实施了细菌战；关于是否有计划进行调查，由于时间久远等问题，调查事实十分困难，但如果发现新的证明材料，政府会严肃对待、予以接受。

日本著名推理小说作家森村诚一因为小说创作的关系，意外地获知了"731 部队"存在的事实，于是开始走访部队原成员，搜集他们的口述资料，最终撰写了《恶魔的饱食——日本细菌战部队揭秘》一书，让这个被故意掩盖的事实大白于天下。基于道德和良心做出这件事后，森村也遇到一系列麻烦，他不仅被人称为"卖国贼""非国民（不与国家合作的人）"，其住宅和家庭也受到各种骚扰。

日本的历史问题十分重要，我们不仅仅是要厘清事实，而且要深挖这些事实背后的心理成因。圈子文化无疑是形成这些事实的重要基础。要求日本政府道歉，并不仅仅是口头上道歉，而是要让日本民众也能认识到，在圈子的利益之外，还应有普遍的道德底线。无论如何，杀人、侵略这样的事情都是恶的，是不能被洗白的。

参 考 文 献

1　梅小璈、梅小侃编:《梅汝璈东京审判文稿》,上海交通大学出版社 2013 年版。

2　王仲涛、汤重南:《日本史》,人民出版社 2014 年版。

3　[日] 丸山真男著,陈力卫译:《现代政治的思想与行动》,商务印书馆 2018 年版。

4　[日] 野口悠纪雄著,奚望监译:《"超" 文章法　文章撰写指南》,海洋出版社 2014 年版。

5　费孝通:《江村经济》,上海世纪出版集团 2013 年版。

6　[日] 正村俊之著,周维宏译:《秘密和耻辱》,商务印书馆 2004 年版。

7　[日] 沟口雄三著,郑静译:《中国的公与私·公私》,生活·读书·新知三联书店 2011 年版。

8　[日] 片冈龙等编,郭连友等译:《日本思想史入门》,外语教学与研究出版社 2013 年版。

9　[日] 守屋美都雄著,钱杭、杨晓芬译:《中国古代的家族与国家》,上海古籍出版社 2010 年版。

10　[日] 中根千枝著,陈成译:《纵向社会的人际关系》,商务印书馆 1994 年版。

11　陈来:《古代宗教与伦理》,生活·读书·新知三联书店 2009 年版。

12　陈来:《古代思想文化的世界》,生活·读书·新知三联书店 2009 年版。

13　阿部謹也:「日本人の歴史意識」,岩波書店 2004 年版。

14　阿部謹也:「世間とは何か」,講談社 1995 年版。

15　阿満利麿:「仏教と日本人」,ちくま書房 2007 年版。

16　岸田秀:「歴史を精神分析する」,中央公論社 2007 年版。

17　本郷和人:「天皇はなぜ万世一系なのか」,文芸春秋 2010 年版。

18 川勝義雄：「中国人の歴史意識」，平
凡社 1993 年版。

19 村上重良：「日本史の中の天皇」，講
談社 2003 年版。

20 富永健一：「近代化の理論」，講談社
1996 年版。

21 富永健一：「日本の近代化と社会変
動」，講談社 1990 年版。

22 末木文美士：「日本宗教史」，岩波書
店 2006 年版。

23 青井和夫：「家族どは何か」，講談社
1974 年版。

24 山口二郎：「戦後政治の崩壊」，岩波
書店 2004 年版。

4

第四章

忧患意识与
俄罗斯的兴衰

第四章

在一千多年的文明史中，俄罗斯民族创造了灿烂而有鲜明特色的文化。在与国家安全相关的文化特质中，其最突出的就是俄罗斯人与生俱来的不安全感和忧患意识，以及在此基础上锻造而生的对安全的关注、对领土的重视、坚韧不拔的意志及灵活务实的外交谋略能力。美国遏制苏联政策的始作俑者乔治·凯南在《苏联行为的根源》一文中这样写道："几个世纪以来，俄国人在毫无屏障的辽阔平原上与游牧民族进行偏远的战争，小心谨慎、深思熟虑、灵活应变……俄国的政治行为就像一条溪流，只要环境许可，就不停地朝着一个既定的目标推进。它最在乎的是，在世界权力的大盆地中，尽量灌注它所触及的每一个角落和缝隙。如果在前进的道路上遇到不可逾越的障碍，它会达观地接受并适应这一现实。重点是持续的推动力，朝着最终的目标不断推进。"这种独特的文化贯穿了整个俄罗斯历史，对其国家安全产生了根本性影响，在其历史的多个篇章中得到集中体现。

挣脱"蒙古桎梏"

俄罗斯历史中最黑暗篇章莫过于"蒙古桎梏"期，这段岁月是俄罗斯独特文化的重要形成时期。当时的俄罗斯被称为基辅罗斯（简称"罗斯"），由数十个大大小小的公国组成。整个国家结构松散，大公是名义上的最高领袖，这一头衔在几个主要公国间流转。成吉思汗统率蒙古军队征服花剌子模后，命令大军继续西征。1223年，蒙古军队跨过高加索山脉，摧毁了突厥人建立的库曼汗国，逼近罗斯。库曼汗忽滩北逃至罗斯，请求罗斯诸王公出兵。罗斯军队以"大胆的"姆斯季斯拉夫为首，其女婿丹尼尔为副将，南下至迦勒迦河与蒙古军作战，却遭到蒙古人痛击。蒙古人大胜，九位罗斯王公被杀，这是基辅罗斯与蒙古大军的第一次相遇。1236年，蒙古大汗窝阔台下令再次西征，并在1237年出其不意地进攻了位于罗斯东部的梁赞公国。当时罗斯各公国正在内部混战，一团散沙的罗斯人没有提前为蒙古入侵做准备。许多王公为了保护自己的封国，宁愿按兵不动，也不愿联合起来共同抗敌。梁赞因而迅速被征服并遭屠城。随后的几年里，蒙古人征服了基辅罗斯的大部分地区。蒙古骑兵在冰冻的河面上迅速推进，这也是俄罗斯历史上仅有的一次在冬季被入侵者击败。

蒙古人并没有直接统治基辅罗斯，而是在伏尔加河下游建立了金帐汗国，并于首都旧萨莱设立了一个负责处理罗斯事务的机构。罗斯大公则承认蒙古的宗主地位，经常性前往旧萨莱朝觐，并代表金帐汗国在罗斯征税，向蒙古人纳贡，有时也不得不向蒙古大军输送兵员。就这样，蒙古人对罗斯的统治大约持续了250年之久。被奴役的罗斯人命运极其悲惨，需缴纳赋税、当兵出征、卖身为奴。有首民谣就唱出了当时的景况："谁个没有钱，就要他的子女；谁个没子女，就要他的妻；谁个没有妻，就把他脑袋砍去。"

蒙古人对罗斯的影响是深刻的，它不仅改变了俄罗斯的历史轨迹，也锻造了俄罗斯人特殊的文化。有欧洲历史学家认为，蒙古人对罗斯的占领在很大程度上切断了其传统上与拜占庭以及西方的密切联系，加剧了这时期罗斯的相对孤立；而如果没有蒙古人的入侵，罗斯可能就会参与到文艺复兴以及宗教改革等划时代的欧洲历史进程中。同样重要的是，蒙古人在经济上的横征暴敛使得罗斯人背上了沉重的包袱，而反抗往往只能换来更加残酷的镇压与惩罚。为了生存，罗斯人苦苦挣扎，发达而精致的基辅罗斯式生活方式迅速衰落。历史学家估计，蒙古人的入侵使得罗斯的发展停滞了150—200年。另外一些俄国历史学家则认为，蒙古统治对俄罗斯也有积极意义。他们强调，正是蒙古的统治使得罗斯从一个软弱、四分五裂的国家变为一个强大、统一的专制政权。

总之，蒙古对俄罗斯文化的形成影响重大。正是"蒙古桎梏"锻造了俄罗斯人既坚韧又务实灵活的文化特征。难怪有一句欧洲谚语说道："剥开一个俄罗斯人，就会看见一个鞑靼人。"反过来，正是这样特殊的文化，使得俄罗斯人得以最终挣脱"蒙古桎梏"。这一历史的使命落到后来发展为俄罗斯的莫斯科公国肩上。

说俄罗斯人坚韧，是因为在蒙古人的统治下，莫斯科公国为了生存，卧薪尝胆，努力发展自己。莫斯科公国直到1147年才第一次出现在历史记载中，当时它还只是一个地方诸侯居住的镇子，1156年才修筑起城墙。1237年，莫斯科在蒙古人的入侵中被夷为平地。被打服了的莫斯科统治者在"蒙古桎梏"下忍辱负重，一面对蒙古言听计从，一面默默壮大自己的力量。13世纪下半叶，莫斯科正式成为一个公国。到了14世纪初，莫斯科公国已经将统治扩大到整个莫斯科河流域，成为与特维尔公国争夺罗斯主导权的强大力量。

说俄罗斯人务实灵活，是因为莫斯科公国能屈能伸，利用蒙古人的势力逐步壮大自己，并善于抓住机会反抗金帐汗国。1327年，莫斯科公国"公报私仇"，协助蒙古军队惩罚了与蒙古人结怨的老对手、当时拥有大公头衔的特维尔公国。正是通过这一战绩，莫斯科公爵伊凡一世取代特维尔公国统治者而登上了大公宝

座。莫斯科公国的统治者们小心翼翼地与金帐汗国交往，一方面
利用大公地位，作为金帐汗国的代理人监管其他公国，并获得代
为大汗收税的特权；另一方面又中饱私囊，从日益贫困的其他公
国手中购买大片土地，逐步成为全罗斯最强大的公国。1357 年，
金帐汗国爆发内乱，在 20 年中换了 20 多位大汗，这为羽翼渐丰
的莫斯科公国提供了机会。1378 年和 1380 年，莫斯科公国的德
米特里大公先后在沃扎河、顿河畔两次大胜金帐汗国军队，打破
了蒙古大军不可战胜的神话。德米特里因此收获"顿河王"美
名，莫斯科公国也成为所有罗斯人反抗蒙古压迫的领袖。

然而，1382 年蒙古人卷土重来，攻陷并洗劫了莫斯科。莫
斯科公国和整个罗斯被迫重新接受了金帐汗国的宗主地位，恢复
向金帐汗国进贡。罗斯人隐忍了数十年，直到金帐汗国内乱加
剧，并在 1430 年开始分裂。1452 年，甚至有一名出逃的蒙古王
公接受了莫斯科公国的宗主地位。历史学家认为，这标志着莫斯
科公国和整个罗斯事实上的独立。1462 年到 1505 年伊凡三世统
治时期被认为是俄罗斯历史的转折时期，一个被蒙古人统治的、
松散的基辅罗斯发展成独立而中央集权的莫斯科公国。伊凡三世
吞并了统一俄罗斯道路上的两大对手——特维尔公国和诺夫哥罗
德共和国，并通过打败立陶宛人大大拓展了莫斯科公国的疆域。
此时，莫斯科公国终于等到与蒙古人决裂的时刻。在数次要求纳
贡被拒后，忍无可忍的金帐汗国末代君主阿黑麻汗在 1480 年率

军进攻莫斯科公国，却无功而返。从此，莫斯科公国和整个罗斯正式摆脱"蒙古桎梏"，成为独立的国家。1493年，伊凡三世为自己冠上了"全罗斯大君主"的头衔，俄罗斯的历史翻开了新的篇章。

在国家和民族面临生死存亡的关键时刻，俄罗斯文化中坚韧而灵活的一面熠熠生辉。俄罗斯人在弱小和失败时隐忍，同时尽可能抓住机会壮大自身，伺机反扑，并最终战胜强敌，反败为胜，走向兴盛。这种文化特质既是这段岁月所赋予的，同时也带领着俄罗斯人走出黑暗时代。作为宝贵的精神财富，这种文化特质还将在未来的岁月中再度拯救俄罗斯民族的命运。

帝国的扩张

俄罗斯文化中另外一个重要的特质就是强烈的不安全感，以及由此产生的对领土的高度关注。俄罗斯民族的不安全感是其地理特征与历史传统共同塑造的。俄罗斯西部与东欧其他国家同属一个大平原，那里地势平坦，没有任何阻隔。德国依靠坦克闪击苏联之所以能够在初期快速推进，正是得益于东欧大平原的平坦地势。但是对于俄罗斯来说，这就成了劣势：没有足够的自然障碍为其调兵遣将创造空间和时间，防守变得异常困难，敌人一旦突进，可以迅速兵临莫斯科城下，严重威胁俄罗斯的国家安全。因此，在其历史的前期，俄罗斯经常受到波兰、立陶宛、瑞典等东欧、北欧民族的侵略。现在位于白俄罗斯、乌克兰的大片基辅罗斯领土曾经长期被波兰人统治，甚至莫斯科都曾被波兰人攻陷。与西部的情况类似，俄罗斯的东南边疆与广袤的北亚大草原相连，这使得俄罗斯的南部地区常年成为亚洲游牧民族西进的通道。在历史上，俄罗斯的先民曾与一波波的游牧民族战斗，并最终败给蒙古人，成为蒙古帝国的一部分。

尽管现代的俄罗斯人被称为"战斗的民族"，但其实俄罗斯曾长期面临东西方强国的夹击，只能在夹缝中艰难求生。因此，俄罗斯民族拥有与生俱来的不安全感，以及由此产生的对领土的执着。布热津斯基认为："俄罗斯民族有一种争取生存的返祖本能，并因此驱使俄国人迫切地感到需要更多的土地，他们的扩张是一种不断向毗邻领土渗透的过程，不安全感变成持续不断的扩张。"

正是因为这样，俄罗斯人在摆脱蒙古人的奴役后，就走上了扩张的道路。伊凡四世是俄罗斯历史上著名的君主，他生性残暴，甚至亲手用权杖击毙了自己的儿子，因此也被称为"伊凡雷帝"。他虽然脾气不好，但同时也是一个雄才大略的君主。在他的治下，俄罗斯的版图急剧扩张。俄罗斯先是在1547—1552年的远征中灭亡了金帐汗国的主要继承者之一——喀山汗国，这也是俄罗斯历史上重大的转折点，标志着在欧亚大草原上，俄罗斯人与蒙古人实力的彻底逆转。随后俄罗斯大军挥师东进，越过乌拉尔山，在几年中吞并了阿斯特拉罕汗国、西伯利亚汗国等金帐汗国的残余势力，征服了诺盖人和巴什基尔人，并使北高加索许多民族归顺俄罗斯，俄罗斯开始成为多民族国家。1572 年，俄罗斯粉碎被称为"奥斯曼土耳其之鞭"的克里米亚汗国对莫斯科的围攻。当时奥斯曼土耳其正处于鼎盛时期，其侵略的阴影笼罩着整个东欧，而粉碎克里米亚汗国犹如给奥斯曼土耳其以迎头痛击，挫败了其统治俄罗斯及东欧的企图。在完成这一系列壮举后，伊凡四世给自己加冕为"沙皇"（在古俄语中是"恺撒"的意思），并自诩为罗马帝国的继承者，国家也正式改名为俄罗斯沙皇国，莫斯科则成为"第三罗马"，俄罗斯从此进入极权统治时代。

俄罗斯第一次感受到庞大领土对国家安全的好处是在 17 世纪初，当时俄罗斯国内急剧动荡，皇位空悬引来诸多野心家"逐鹿中原"，外部势力亦插手其中。1605 年，波兰立陶宛联邦通过支持"假沙皇"伪德米特里一世，将大军开进俄罗斯，引爆了俄波战争。波兰人一度气势如虹，占领了俄罗斯大片国土，并曾短暂攻陷莫斯科。但俄罗斯军队采用消耗战，以本国的大纵深和丰富的人力资源消耗波兰军队的补给，最终将波兰人赶出俄罗斯，收复了大部分领土。

俄罗斯人在这次战争中尝到战略纵深给维护国家安全带来的好处，愈发执着于领土扩张了。俄罗斯的沙皇们几乎一刻不停地在打仗。彼得大帝当政后，开始了著名的改革。他如饥似渴地向西方各国学习，同时以西方技术和标准推动强军建设，尤其是海军的建立极大增强了俄军的战斗力。为了扩张领土，俄罗斯不断与波兰立陶宛联邦、奥斯曼土耳其、瑞典等周边国家作战。1721年，在与瑞典的北方战争胜利后，彼得大帝正式加冕为皇帝，宣布成立俄罗斯帝国。为了巩固胜果，并展现向西方靠拢的决心，彼得大帝在新夺得的涅瓦河出海口兴建了彼得堡作为帝国的新首都。就这样，俄罗斯从偏安一隅的小公国变为欧洲列强之一的俄罗斯帝国。彼得大帝去世后，欧洲大陆流传着一份他的遗嘱。这份遗嘱对其身后俄罗斯的扩张计划做出明确安排。要求未来的俄罗斯统治者长期保持战争状态，分割波兰，尽量多地占领瑞典国土，沿黑海向南扩张，尽可能迫近君士坦丁堡和印度。尽管俄罗斯官方一直否认这份遗嘱的真实性，但吊诡的是，俄罗斯后来的历史轨迹与这份遗嘱的内容惊人地相似。

俄罗斯历史上最迅速的扩张发生在女皇叶卡捷琳娜二世统治时期。这一时期，俄罗斯的领土空前膨胀，被称为"帝国的黄金时代"。在西部，俄罗斯与普鲁士王国、奥地利帝国三次瓜分波兰，不仅将这个曾经不可一世的西部强敌彻底消灭，还把俄罗斯在东欧的战略纵深扩展了500公里。在南部，俄罗斯在第五次俄

> 俄罗斯罗曼诺夫王朝彼得大帝

文化与国家安全

土战争中打败了奥斯曼土耳其，夺取了黑海出海口，吞并克里米亚。通过第六次俄土战争，俄罗斯又将势力伸入巴尔干半岛。虽然奥斯曼土耳其没有被完全赶出欧洲，但已不能再对俄罗斯构成严重威胁。在东部，200年间，俄罗斯的疆域推进了5000公里，一度伸入阿拉斯加，使俄罗斯成为横跨欧、亚、美三大洲的庞大帝国。有人统计，俄罗斯的疆域在15世纪到18世纪的短短300多年时间里增长了整整400倍。叶卡捷琳娜二世为自己的孙子取名为亚历山大，希望他像古希腊马其顿王国的亚历山大大帝一样，成为"世界的征服者"。她临终前曾不无遗憾地放出豪言："假如我能够活到200岁，全欧洲都将匍匐在我脚下；俄国将拥有6个首都——彼得堡、柏林、巴黎、维也纳、君士坦丁堡和阿斯特拉罕。"可见其对扩张领土的执着。叶卡捷琳娜二世死后被尊为"大帝"，成为俄罗斯历史上除彼得大帝外唯一一位拥有该头衔的君主。

俄罗斯文化中对于领土和战略缓冲的重视，将第二次拯救国家，并使俄罗斯浴火重生，成为欧陆霸主。18世纪末，法国爆发大革命，拿破仑·波拿巴横空出世。他战无不胜，连续数次击溃反法同盟，把欧洲大陆的大部分地区纳入自己的势力范围。1812年，拿破仑将矛头对准俄罗斯。当时法国及其盟军的军事力量大约是俄罗斯的3倍。拿破仑有意在夏天发起进攻，希望能在寒冬到来前速战速决，击败俄罗斯。由于防守薄弱、兵力不足、装备落后，俄军深知难以抵抗此前在欧洲所向披靡的法军，因而决定利用领土纵深上的优势，采取撤退战略，诱敌深入。俄军在撤退时沿途放火，实行焦土政策，把法军将要途经之处烧得一干二净，这打乱了拿破仑速战速决的设想，也令其边作战边抢夺补给的计划泡汤了。无奈之下，拿破仑只得孤军深入俄罗斯腹地，期望通过占领第一大城市——旧都莫斯科迫使俄罗斯投降，签署对自己有利的条约并获得补给。在研判了拿破仑的意图后，俄军果断放弃莫斯科。大军抵达莫斯科后，拿破仑失望地发现他收获的只是一个化为焦土的空城。而法军由于过分深入，补给线又太长，面临严重的补给困难。俄罗斯的冬天来得很早，不到10月，前线就开始飘雪，远征的法军饥寒交迫，拿破仑被迫下令撤退。等到法军开始撤退后，俄军伺机而动，紧随法军后方，但不派出主力跟法军交战，而是通过哥萨克骑兵、游击队埋伏骚扰法军。撤退到华沙后，原本60多万的法国大军只剩下不到6万人。俄军主力则乘胜追击，到12月底拿破仑逃回巴黎时，追随他的残部只剩下3万人。不可一世的拿破仑大军首次遭遇败绩，而俄罗斯则为整个欧洲挽回了败势。1814年，被祖母叶卡捷琳娜二世寄予厚望的亚历山大一世骑着白马、以神圣同盟盟主的英姿君临巴黎。俄罗斯自此成为欧陆事务的仲裁者。

在极盛时期，俄罗斯的疆域北起北冰洋，南达黑海南部，西起德国边境，东抵阿拉斯加，面积达到2280多万平方公里，人

俄罗斯罗曼诺夫王朝叶卡捷琳娜二世 >

口 1.25 亿人，是仅次于大英帝国的世界第二大国。对领土的重视原本来自于俄罗斯文化中根深蒂固的不安全感与忧患意识，最后却使俄罗斯成为一个拥有欧陆霸权的帝国。从此，执着于领土的基因就像钢印一样，深深地刻在俄罗斯民族的骨髓之中。

浴火重生

20 世纪中前期，俄罗斯民族面临自"蒙古桎梏"以来最严峻的生存危机，但最后俄罗斯人以极大的代价摆脱了困境，最终转危为机。在这其中，俄罗斯文化中与国家安全相关的特质得到集中体现。灵活务实、未雨绸缪以及坚韧不拔的意志使俄罗斯人最终赢得这场战争。

二战初期，苏联的中立政策和"东方战线"的建立体现了俄罗斯文化中灵活务实、始终以维护国家安全为根本出发点的一面。在 1939 年以前，苏联一直强烈反对纳粹德国，并且支持西班牙内战中与纳粹德国和意大利法西斯做斗争的共和主义者。1938 年，德国与西方列强签署《慕尼黑协定》，据此占领了捷克斯洛伐克的苏台德地区。同时，由于西方国家采取绥靖政策，德国向东扩张的意图昭然若揭。苏联对此十分担忧。1939 年 4—8 月，英、法、苏三国在莫斯科举行军事、政治谈判。谈判中，苏联向英、法建议，缔结三国之间有效期 5—10 年、包括军事援助在内的反侵略互助条约；三国保障中欧和东欧国家的安全；达成关于三国间相互援助方式和规模的具体协议。但在西方国家绥靖政策的大背景下，谈判无果而终。英、法默认了德国在东欧和中南欧自由行动，拒绝了苏联提出的保障中欧和东南欧国家安全的要求。

与此同时，希特勒通过外长里宾特洛甫一再向苏联示好，表示德国无意侵犯苏联，希望改善彼此关系，并签署了一项互不侵犯条约。日本则在远东地区挑起"诺门罕战役"，向苏联发动进攻。德、日两个法西斯国家此时又在谈判结成军事同盟，苏联面临腹背受敌的现实危险，而同英、法的谈判又没有进展。在极端复杂险恶的形势下，为了维护国家安全，苏联权衡利弊，决定采取非常措施。1939 年 8 月 23 日，里宾特洛甫前往苏联，并在当晚与苏联达成协议，签署了《苏德互不侵犯条约》。二战后，英、法、美等国公布了它们缴获的一批德国外交文件，其中包括《苏德互不侵犯条约》的一项秘密附加议定书，主要涉及苏、德"对东欧势力范围的划分"。这份议定书公布后，苏联极为不满，但对其真伪未置可否。

苏、德两国都清楚，所谓的《苏德互不侵犯条约》只不过是缓兵之计。灵活、务实政策带来的一纸条约并不能消弭俄罗斯人骨子里的不安全感与忧患意识，未雨绸缪是他们的本能，而他们的选择也是典型的俄罗斯式行为。为了保卫"西部边界的安全"，苏联通过出兵波兰东部、进行苏芬战争、合并波罗的海三国和罗马尼亚部分领土的方式，控制了约 60 万平方公里的土地，将西部战略纵深扩展了约 300 公里，大致恢复到沙俄末期的水平。在西线积极备战的同时，苏联还同意日方的谈判请求，在 1941 年 4 月与日本签订了《苏日中立条约》。此后，日本选择了向南，而不是向苏联的远东和西伯利亚地区扩张。

然而，出乎苏联意料的是，德国人的进攻竟然来得这么快。在西线获得一系列胜利后，纳粹德国迅速控制了欧洲包括法国、波兰、荷兰、挪威等 16 个国家的人力、物力资源。放眼世界，此时只有英国凭借海洋的优势在拼死抵抗，这让希特勒感到有机会腾出手来对付东边的苏联了，他便开始着手制订入侵苏联的"巴巴罗萨"计划。德军计划集中 380 万名兵力，以"闪电战"从 3 个方向实施迅猛而深入的突击，分别占领苏联首都莫斯科以及第二、第三大城市列宁格勒和基辅，把苏军主力消灭在西部地区，尔后向苏联腹地长驱直入，进抵阿尔汉格尔斯克、伏尔加河、阿斯特拉罕一线，并用空军摧毁乌拉尔工业区，从而击垮苏联，迫使其投降。苏联对德国人的计划浑然不觉，虽然英国情报机构和苏联谍报人员多次向斯大林报告"德国将在 1941 年夏进攻苏联"，但斯大林认为在英国和德国的战争分出胜负之前，德军还没有能力进犯苏联。他甚至怀疑这是英国人为了将苏联拉入

对德作战的陷阱而捏造的。1941 年 6 月 22 日，希特勒突然撕毁《苏德互不侵犯条约》，启动"巴巴罗萨"计划，对苏联发动进攻，苏德战争爆发。

如果说《苏德互不侵犯条约》体现了俄罗斯文化中灵活务实的一面，那么这场波澜壮阔的"伟大的卫国战争"则将俄罗斯人坚韧不拔、努力抗争的文化特质表现得淋漓尽致。德国对苏联突袭的规模和力度令人难以置信，希特勒在进攻中投入了 175 个师，共 300 多万德军，包括众多装甲部队，一支力量强大的空军则近距离给予空中支持。德国人的目标是发动一场闪电战，在两到三个月的时间内、最迟也要在冬天来临之前击败苏联。苏联的准备不足使得德国的战争机器沿着整个前线滚滚向前，在北、中、南三条战线上迅速推进。

但苏联人民的奋勇抵抗让德国人的计划落空了。在北线，列宁格勒从 1941 年 9 月 9 日开始被德军围困，直至 1944 年 1 月 27 日才打败敌军，共计 872 天。由于饥饿、疾病和战争伤亡，整个城市的人口从 400 万减少到 250 万，列宁格勒市内的一个墓地就埋葬了 50 万名围城战的遇难者。有评估认为，这是人类历史上伤亡人数最多、经济损失最严重的单场战役。然而，列宁格勒人民并未投降，他们不仅挡住了德军在北线的继续推进，还取得了最后的胜利。后来，1 月 27 日被定为"俄罗斯军人荣誉日"。

斯大林格勒战役是俄罗斯人坚韧意志的另一个生动写照。在这场历时半年多的战役中，双方进行了寸土必争的巷战，尽管德军一度占领了九成的城区，但仍无法拿下苏军的最后防区。在德军于城中缓慢推进时，苏军集结了 100 多万兵力在伏尔加河东岸和斯大林格勒市西北郊，并在 1942 年 11 月 19 日发动的"天王星行动"中突破轴心国军队临时建立起来的防御线，包围了城中的德军和其他轴心国军队。虽然德军想通过空军补给和"冬季风暴行动"解除被围歼的危机，但被苏军击退。最后，城内 9 万名轴心国士兵投降被俘。这是德国在第二次世界大战中的首次大规模败仗，也使德军在东线胜利的可能性彻底消失，战略主导权易手至苏军手中。斯大林格勒战役是第二次世界大战和苏德战争的转折点。在近代史上，这场战役的伤亡及经济损失仅次于列宁格勒保卫战，双方阵亡约 71 万人。

斯大林格勒战役后，苏联红军转入战略反攻，并在 1943 年末至 1944 年初收复了大部分被占领土，随后开始进入德军占领的其他国家。1945 年 4 月 25 日，苏联红军与美军在易北河畔胜利会师。5 月 2 日，苏军攻克柏林。5 月 9 日，第三帝国向盟军无条件投降。尽管损失惨重，但苏联红军最终顶住了德军的进攻并逐步迫使其后退，直至将其彻底击溃。

这确实是一场伟大的胜利：数不清的士兵怀着至高无上的英雄主义气概参加战斗。朱可夫等指挥官的名字成为胜利的同义

斯大林格勒战役是二战苏德战场的重要转折点

词。除了正规军，英勇而坚决的游击队也同侵略者奋战到底。政府则在极为困难的条件下设法组织武装部队的补给。根据统计，苏联在这场战争中共有5980万人伤亡，几乎涵盖苏联全国兵役适龄（16岁至40岁）男性，其中死亡约2660万人。苏德战争也严重影响了苏联人口的性别比例，直到今天，俄罗斯都处于"女多男少"的状态中。这反映的正是俄罗斯文化中坚韧不拔、卧薪尝胆，以及对国家安全极度珍视的特质。对比遇到强大德军便一触即溃的其他西方民族，俄罗斯人的壮举是尤为独特而感人的。也正是凭借这场战争的胜利，苏联和俄罗斯人一扫19世纪后期接连战败、在欧洲和全球地位下降的阴霾，迅速走向复兴，并一跃成为与美国并驾齐驱的超级大国。

世界霸权的诱惑

冷战期间，以俄罗斯民族为主体的国家走上了其历史的巅峰。在苏联迈向顶峰的进程中，俄罗斯文化中根深蒂固的对领土的重视，以及特殊的使命意识始终是重要因素。

二战的历史再次向俄罗斯人证明了战略缓冲区对于国家安全的重要价值。如果没有巨大的战略纵深，苏联可能会像法国一样被迫向希特勒低头。斯大林很清楚，根深蒂固的意识形态和地缘矛盾，以及共同敌人的消失，终将导致苏联与美西方战时同盟的瓦解。为了建立国家安全的屏障，同时依据 1944 年斯大林与丘吉尔达成的"百分比协定"，苏联积极在东欧推动人民民主政权的建立。1944 年，在苏联红军的帮助下，匈牙利、罗马尼亚、保加利亚、波兰及捷克斯洛伐克等国以及柏林、维也纳这两个有标志性意义的城市获得解放。战后，东欧国家纷纷建立起社会主义政权。1955 年，华沙条约组织成立，除了南斯拉夫外，所有东欧国家均加入其中，以苏联为首的社会主义阵营在东欧正式结成军事同盟。

俄罗斯文化中的使命意识是苏联与美国对抗的精神力量。正如俄罗斯诗人丘特切夫所感叹的："用理性无法理解俄罗斯，用一般的标准不能衡量它，在它那里存在的是特殊的性格，唯一适用于俄罗斯的是信仰。"索尔仁尼琴也曾说道："俄罗斯是靠理想来活着的民族。"俄罗斯文化中的使命意识可以追溯到对"第三罗马"的宣称。在拜占庭帝国（即东罗马帝国）首都君士坦丁堡 1453 年陷于异教徒之手后的数十年内，一些东正教人士开始称呼莫斯科为"第三罗马"或"新罗马"。随着莫斯科大公伊凡三世迎娶拜占庭帝国末代皇帝君士坦丁十一世的侄女索菲娅·帕列奥罗格公主，"第三罗马"这个概念开始被广泛使用。在一篇给莫斯科大公瓦西里三世的颂词里这样写道："两个罗马倒下了，第三个站起来了，并且不会再有第四个。没人能取代您对基督的忠诚。"伊凡三世给自己冠上的沙皇头衔在古俄语中就是"恺撒"的意思,即对罗马帝国皇帝的称呼。

俄罗斯人对"第三罗马"的想象,既包括重建罗马帝国的政治野心,更饱含着宗教精神,它代表俄罗斯继承了东正教的正统与中心地位。一名教士在给伊凡三世的信中写道:"整个东正教世界都归您统治。"这种想象同时也是俄罗斯作为东正教世界的中心,对从异教徒手中收复君士坦丁堡的渴望的体现。尽管沙俄已经有了两座首都——圣彼得堡和莫斯科,但沙皇们还是梦想着占领君士坦丁堡,并将其改名为"沙皇格勒",作为帝国真正的首都。一战时,俄罗斯指挥官鼓舞士兵的口号就是:勇士们,把十字架插到君士坦丁堡的圣索菲亚大教堂顶端,将它从异教徒的手中夺回来。这种使命意识还萌发了泛斯拉夫主义,为俄罗斯人在东欧和巴尔干扩张势力范围提供了理论依据。

到了近代,文化中的使命意识为共产主义理想在俄罗斯大地生根发芽提供了养料。像其他民族一样安心于太平地过日子,这一目标对于俄罗斯人来说实在是太渺小了。第一个社会主义国家之所以能在俄罗斯诞生,这实在跟特殊的俄罗斯文化有莫大关系。正是在这种使命感的号召下,苏联人民奋勇争先,涌现出许多可歌可泣的英雄故事,在很短时间内将一个远远落后于西欧的传统农业国建设成一个强大的工业国家。丘吉尔曾经感慨道:"在他(斯大林)接手俄国时,那还只是个手扶木犁的国家。当他离去时，俄国已经拥有了核武器。"

二战后，随着与西方关系的日益恶化，苏联越来越意识到一个稳固的社会主义阵营的重要性。通过欧洲共产党和工人党情报局、经互会与华约组织等，苏联帮助东欧国家有效巩固了社会主义国家政权。随着苏联与西方冷战的不断升级，俄罗斯文化中的不安全感与忧患意识日益被激发。在这一大背景下，苏联开始通过理论建构包装地缘野心。20 世纪 60 年代，勃列日涅夫提出"有限主权论""国际专政论""国际分工论"和"大国特殊责任论"等。这套被称为"勃列日涅夫主义"的理论实际上是苏联的扩张主义宣言。

对东欧的牢固控制是苏联同美国在欧洲争夺的前提，同时也是苏联全球扩张战略的基础。苏联把自己的模式强加于人，要求东欧社会主义国家在政治、经济、军事和意识形态领域原封不动地执行，给这些国家的内政外交带来困难。苏共二十大后，赫鲁晓夫批判斯大林的报告又造成社会主义国家在思想上的混乱，导致波兹南事件、匈牙利事件的发生。20 世纪 60 年代，苏联粗暴干涉东欧国家内政，至苏军入侵捷克斯洛伐克达到高潮。

在远东，苏联为了使中国服从其利益考量，采取单方面撕毁合同、撤走援华专家、在中国境内制造民族分裂等一系列步骤，并在中苏、中蒙边境陈兵百万。此外，苏联还在外交和军事援助上支持印度、越南反华，在印巴关系上偏袒印度。在中东，苏联以阿以矛盾为切入点，在该地区进行干预活动，并直接出兵参与南也门军事政变。在非洲，苏联在安哥拉三个民族解放组织中制造分裂，并把一万余名古巴士兵和大量武器运进安哥拉，力图将其纳入苏联势力范围。苏联还把手伸向美国的"后院"，通过古巴插手尼加拉瓜，支持萨尔瓦多游击队，试图动摇美国在拉美的支配地位。

在军事上，为了与美国竞争，苏联在自身经济实力与美国有差距的情况下，加大军备竞赛投入。1972—1981年的10年间，苏联军费开支年年超过美国，而当时苏联的经济实力大致只相当于美国的2/3。为了与美国一争高低，苏联可谓不惜血本。苏联国防部长曾公开说，苏联"能够在最短时间内造出任何一种武器"，"需要花多少钱就花多少钱"。美国国防部情报局1981年的一份报告中说，过去5年里，苏联在大多数型号的战略和战术武器产量方面以3：1的优势超过美国。苏联在大国竞争中一度处于攻势，而美国落于守势。

就这样，俄罗斯人的忧患意识和使命感驱动着苏联一步步走向巅峰。苏联出兵阿富汗成为其全球扩张的顶峰。1979年12月，苏联侵入阿富汗，并计划在3个月内完成任务。尽管苏联很快占领了阿富汗主要城市，但阿富汗人民发动游击战争，使苏联落入与美国在越南战争中一样的窘境。最终，苏联在耗费了大量人力、物力，坚持了长达9年的战争后一无所获，只得撤军。苏联此次入侵被认为是其对外政策的重大失败，苏联也随之由盛转衰，成为苏联最终解体的重要原因之一。20 世纪 80 年代初，为了对抗被称为"星球大战"的美国战略防御计划，苏联只得在自身经济岌岌可危的情况下勉力支撑。祸不单行，在苏联因陷入阿富汗泥沼和军备竞赛而不堪重负之时，沙特阿拉伯决定大幅增加石油产量，而其他非 OPEC 成员国也增加了石油产量，这些因素导致石油价格在 80 年代跌落谷底，以能源出口为主要收入来源的苏联也因此大受影响。计划经济的失败、石油价格的暴跌、庞大的军事开销等种种因素叠加起来，使得苏联经济在 20 世纪 80 年代出现严重的停滞。苏联经济停滞以及最后的崩溃，成为苏联解体的另一个重要原因。

兴与衰

各个国家的不同文化对国家安全的影响是巨大的，在一定情况下甚至具有决定性作用，这在俄罗斯身上体现得尤为明显。

俄罗斯因文化而兴起。凭借其文化中忍辱负重、灵活务实的特质，俄罗斯从一个被蒙古人统治的弱小公国崛起为东欧大国，并挣脱了金帐汗国的枷锁；又由于不安全感以及对领土的重视，它逐步发展成横跨欧亚、疆域辽阔的强大帝国，并凭借广大的战略纵深，数度打败人类历史上最可怕的侵略者，迈向国家发展的顶峰。从这个意义上说，俄罗斯民族无疑是成功的民族，俄罗斯文化也是优秀的文化。

但俄罗斯也曾因文化而衰落。俄罗斯文化过度执着于土地，对经济发展缺乏足够的重视。历史上许多大帝国亡于过度扩张，苏联的教训不可谓不深刻。领土的扩张曾为俄罗斯的生存和发展创造了条件。但过犹不及，过度扩张使本就存在短板的苏联经济负担沉重。同时，为了让军事机器运转下去，苏联片面强调发展重工业，导致轻工业发展长期滞后，民众需求得不到满足，油价暴跌后，苏联已无力从国外进口足够的轻工业产品，民众生活水平迅速下降。最后，苏联经济开始崩溃，卢布严重贬值，国内物资、商品尤其是生活用品极度匮乏。这种发展模式导致苏联的经济和社会困难，并为苏联其他领域出现的一系列问题埋下了隐患。正如邓小平同志所言："社会主义究竟是个什么样子，苏联搞了很多年，也并没有完全搞清楚。"

此外，国土的过快、过度膨胀还使沙俄和苏联难以解决民族矛盾。布热津斯基在《第二次机遇：三位总统与超级大国美国的危机》一书中提到："作为20世纪70年代末的总统助手，我长期以来确信俄罗斯帝国的多民族特征是其阿喀琉斯之踵，我曾提出了一个秘密计划，旨在支持苏联内部非俄罗斯共和国的独立要求。"苏联末期，随着中央权力的下放，各加盟共和国的领导人开始寻求更大的自主权，而戈尔巴乔夫改革造成的混乱则将长期以来积累的矛盾如火山喷发般释放出来。苏联各加盟共和国一个个效法东欧诸国，脱离苏联而独立。苏联解体后，俄罗斯的西部边界退回到莫斯科公国后期，也就是俄罗斯民族的核心疆域。

在大国普遍全方位（经济力、科技力、军事力）竞争的当今世界，这种弊端表现得更加明显。有西方人说，俄罗斯的身体进入了 21 世纪，而脑子还停留在 19 世纪。俄罗斯总统普京曾说："俄罗斯虽大，但没有一寸土地是多余的。"俄罗斯地理学会由国防部长绍伊古担任会长，普京总统多次亲自出席学会活动，凸显了俄罗斯人对领土的重视。在一次年会上，普京曾问获奖的小男孩："俄罗斯国土的尽头在哪里？"男孩回答："在美国边上的白令海峡。"普京半开玩笑地纠正他说："俄罗斯的国土没有尽头。"普京的话引发全场热烈掌声，这也许就是俄罗斯文化中对领土执念的生动写照吧。俄罗斯人哀叹、后悔于苏联解体，因此一旦获得机会，就要修正过去的错误，这就是俄罗斯甘愿付出与西方闹翻、承受制裁之苦的代价，也要拿下位置关键的克里米亚的原因。

俄罗斯文化与我们很不一样，但仍有值得体味之处。俄罗斯人的忧患意识带来的坚韧不拔的意志、对国家安全的执着，是其一步步发展壮大，历经磨难而浴火重生，且往往愈挫愈勇、在苦难后更加强盛的重要原因。俄罗斯外交的灵活务实则是其能够屡屡在劣势中以小博大、四两拨千斤的关键因素。但是，俄罗斯人过于重视领土，轻视经济发展是其盛极而衰的重要原因。在我们国家越来越接近实现"两个一百年"目标、中华民族伟大复兴，越来越走近世界舞台中央的今天，俄罗斯民族的经验和教训始终值得我们铭记。

参 考 文 献

1 《邓小平文选（第三卷）》，人民出版社 1993 年版。

2 刘德斌主编：《国际关系史（第二版）》，高等教育出版社 2018 年版。

3 顾关福主编：《战后国际关系（1945—2010）》，天津人民出版社 2010 年版。

4 方连庆、王炳元、刘金质主编：《国际关系史（现代卷）》，北京大学出版社 2001 年版。

5 方连庆、王炳元、刘金质主编：《国际关系史（战后卷）》（上、下册），北京大学出版社 2006 年版。

6 ［美］尼古拉·梁赞诺夫斯基、马克·斯坦伯格：《俄罗斯史（第七版）》，上海人民出版社 2007 年版。

7 ［美］兹比格纽·布热津斯基：《第二次机遇：三位总统与超级大国美国的危机》，上海人民出版社 2008 年版。

8 ［俄］尼古拉·别尔嘉耶夫，汪剑钊译：《俄罗斯的命运》，译林出版社 2011 年版。

9 X (George F. Kennan), "The Sources of Soviet Conduct", Foreign Affairs, July 1947.

5

第五章

阿拉伯人的困惑：
我是谁？

　　阿拉伯人分布在全球 37 个国家，其中阿拉伯人占主体的国家有 22 个，被称为阿拉伯国家，它们分别是：北非的埃及、利比亚、阿尔及利亚、突尼斯、摩洛哥、吉布提、苏丹、毛里塔尼亚、科摩罗、索马里，西亚的伊拉克、巴林、约旦、科威特、黎巴嫩、阿曼、巴勒斯坦、卡塔尔、沙特阿拉伯、叙利亚、阿联酋、也门。阿拉伯国家集中在西亚北非地区，处于欧、亚、非三大洲交汇处，人口 3.7 亿，面积 1300 万平方公里。同世界其他国家一样，每个阿拉伯国家都有自己的国族文化。同其他国家不一样的是，阿拉伯国家还拥有比较突出的文化共性，被称为阿拉伯文化。说阿拉伯语，信奉伊斯兰教，是阿拉伯人最鲜明的文化特征。

我是谁取决于对手是谁

阿拉伯地区动荡特别频繁，阿拉伯国家也是出名的难治理。1952 年 7 月 23 日凌晨 2 点，埃及"自由军官"发动政变，占领了首都开罗，推翻了法鲁克王室。安瓦尔·萨达特率领军队冲进国家广播电台，以武装部队总司令穆罕默德·纳吉布将军的名义宣布：埃及军事政变成功了。新成立的军事委员会决定，法鲁克国王可以流亡海外。7 月 26 日，在 21 声礼炮的欢送下，总司令纳吉布送别法鲁克国王登上亚历山大港的"麦哈鲁赛"号皇家游艇。"我向他敬礼，他也向我回敬。"纳吉布回忆道。法鲁克最后平静地说："你的任务会很艰难。你知道，统治埃及不是一件容易的事情。"

无独有偶。1958 年 2 月 1 日，叙利亚与埃及合并，成立了"阿拉伯联合共和国"，叙利亚把国家统治权让渡给埃及。签字仪式结束后，叙利亚总统舒克里·古瓦里对埃及总统贾迈勒·阿卜杜拉·纳赛尔说："我一下子感觉轻松了，你将发现叙利亚是一个难以治理的国家，50% 的叙利亚人认为自己是领袖，25% 的认为自己是先知，至少 10% 的人认为自己是真主安拉。"据说，纳赛尔这样回应：你为何不早说呢？

果然，1953 年 6 月 18 日纳吉布被任命为埃及首任总统，1954
年 11 月 15 日就被免职，此后受软禁长达 20 年；纳赛尔 1958 年 2
月 21 日就任阿拉伯联合共和国总统，1961 年 9 月 28 日叙利亚
军队就发动政变，推翻了阿拉伯联合共和国，纳赛尔是首任也是
最后一任阿拉伯联合共和国总统。

阿拉伯社会不好治理的原因很复杂，缺乏具有强大凝聚力的
国族文化、没有强烈的国家认同、个人的身份认同混乱是基础性
原因。阿拉伯地区是古代人类文明的发源地之一，曾孕育过灿烂
的古埃及文明、两河流域文明，创造过辉煌的伊斯兰文明。近现
代以来，同世界其他地区一样，在西方文明的裹挟下，它匆匆忙
忙地迈进主权国家时代。然而，除少数城镇居民外，大部分阿拉
伯人是直接从部落社会跃进现代社会的。社会急剧变化导致文化
断裂与身份认同的分裂。

在阿拉伯国家里，部落文化、伊斯兰教同现代国族文化反差
强烈，各方长期并列、冲突、融合，时时刻刻互相影响、改造
着。多元文化混杂并列，没有形成主导性的、单一的国族文化，
是阿拉伯文化最明显的特征，也成为影响国家安全最突出的文化
因素。

阿拉伯地处干旱、炎热地区，大部分是广袤的沙漠、半沙漠
地带，少数河谷、湿润的山区点缀其间。在河谷、绿洲地区，人

们以农耕为主，人口密集，村落星罗棋布，大城市往往也坐落在这里。在山区、半沙漠地带，人烟稀少，数千年来活跃着一代又一代游牧部落。他们住在黑山羊毛毡做成的帐篷里，以骆驼作为交通工具，逐水草而生。作为一种副业，游牧部落常常劫掠农业村落、城镇和商队。游牧部落游走四方，勇武彪悍，居无定所，户无恒产，很难集中管理。部落是阿拉伯传统社会的基本单元，部落文化是阿拉伯文化的底色。

在阿拉伯部落文化里，人人生来平等，每个人都是独立、自由的，荣誉、地位、权力要靠后天奋斗得来。从这个角度看，部落文化崇尚平等与自由，同西方文化非常接近。然而，在个人与集体的关系问题上，部落文化却与西方文化反差强烈。部落文化强调集体的重要性，认为集体比个人重要，传统比现实重要，稳定比创新重要。西方文化相信，个人的进步、成功和创造性共同汇集成集体与社会的进步，集体通过个人体现其价值。部落文化则主张，个人通过参加集体，由集体直接拥有进步、成功和创造性，个人通过集体体现自己的价值。

在这里，部落文化与西方文化出现分岔，它主张人生来平等，但人与人生来具有内外、远近、亲疏之别。阿拉伯谚语说，我反对我的兄弟，我和兄弟联手反对我的堂兄弟，我、兄弟和堂兄弟联手反对全世界。"同自己人联手对付外人"是部落生活的基本原则。人人自由平等与集体优先、自己人优先之间有巨大鸿沟，部落强调的忠诚、义务、荣誉等价值观是沟通的桥梁。阿拉伯谚语又说，"受人统治就是被人阉割"，显示出阿拉伯人特别珍视个人独立。同时，自愿、主动服从集体、服从权威，则会享有荣誉，彰显了阿拉伯人愿意顺从集体。

在东亚的中央集权、欧洲的封建制度下，人们的社会生活有秩序，也有严格的等级制度，人与人之间有明显的高低贵贱之分。在社会形态上，中东的农业地带类似于东亚的社会，具有中央集权、等级制度、和平稳定等特点。中东的部落社会则不同，具有自治、平等、动荡等特点。

在部落内部，成员之间相对平等，草原、水源等重要资源属于公有，人人都可享用，管理也比较民主化，成员之间荣辱与共、相互支持；部落与部落之间相互独立、平等，但是社会缺乏稳定与秩序。部落之间合纵连横，总是争夺水源、草地，常处于竞争、对抗甚至冲突之中。部落与中央政府之间的关系比较松散，是一种控制与反控制的关系。有的部落同中央政府结盟，依靠中央保护，有的完全独立于中央，更多的部落则介于两者之间。在古代阿拉伯社会，部落是阿拉伯人的首要身份。

公元 7 世纪，伊斯兰教诞生于阿拉伯半岛，这是迄今为止阿拉伯历史上最重大的事件之一。伊斯兰教继承、改造了阿拉伯部落文化，把四分五裂的部落统一在伊斯兰旗帜之下，组织了骁勇善战的伊斯兰军队，把宗教正义注入传统的部落好战精神，最终

建立起庞大的伊斯兰帝国。伊斯兰教建立在部落文化基础之上，在一定意义上，伊斯兰成为最大的阿拉伯部落，是部落文化中最外层、最大的圈子。在伊斯兰教的指引下，阿拉伯社会进入史上最辉煌的时期，其文明处于全球领先地位，疆域扩展到欧、亚、非三大洲。这一时期被阿拉伯人称为"黄金时代"，此后阿拉伯人要么追求"重回"黄金时代，要么想要"复兴"黄金时代。伊斯兰教从神学角度强化了部落"忠诚""荣誉"的品质，把服从的价值观注入部落文化。"伊斯兰"本身的含义就是"服从"，服从真主、服从权威、服从国王。从此，伊斯兰教成为阿拉伯文化最亮丽的主色调，穆斯林成为阿拉伯人最重要的身份。

阿拉伯社会的"黄金时代"再也没有回来，阿拉伯人等来的是强势入侵的西方文明。在相当长的历史时期，阿拉伯人的身份认同是比较稳定、清晰的。阿拉伯作为一种文化，共同的语言、相同的宗教是其最大的共性，也是连结阿拉伯世界的纽带。语言上，只有少数分支如摩洛哥、阿尔及利亚的柏柏尔人，伊拉克的库尔德人说本民族的语言，其他阿拉伯人都说阿拉伯语，语言同质性非常高。"只要母语是说阿拉伯语的人都是阿拉伯人"，讲阿拉伯语成为阿拉伯人的首要标志。宗教上，只有叙利亚、约旦、埃及、巴勒斯坦有 10% 左右的人信奉基督教，其他阿拉伯人都信奉伊斯兰教，同质性也非常高。

　　19 世纪以来，面对西方的政治、经济、军事和文化挤压，阿拉伯文化遭遇前所未有的生存危机、身份危机，迫切需要与时俱进、凤凰涅槃。当时，阿拉伯人处于奥斯曼帝国统治之下。几百年来，因为语言、宗教、文化、历史相似，地理上毗邻，阿拉伯人之间普遍有一种文化上、心理上的亲近感，却没有文化独立意识。首先在文化上觉醒的是奥斯曼的土耳其人，土耳其人的文化独立意识刺激了阿拉伯人。20 世纪初，奥斯曼帝国兴起"青年土耳其"运动，追求突厥人的文化独立，使阿拉伯人产生了身份危机意识。阿拉伯既不属于突厥文化，也不是西方文化，"我是谁"的问题尖锐起来。阿拉伯人开始寻找自己的身份，渴望追求共同的未来，这使他们有了一种集体使命感，要求成为一个国族国家。这种使命感被英国人利用了。第一次世界大战期间，英国利用阿拉伯国族主义发动"阿拉伯大起义"，以对抗德国和奥斯曼帝国。然而，战后英国却没有给予阿拉伯国家地位，而是与法国达成《塞克斯—皮克协定》，把阿拉伯分成若干小国。第二次世界大战期间，英国再度利用阿拉伯国族主义对抗德国，支持阿拉伯国家于 1945 年成立"阿拉伯国家联盟"。

阿拉伯人的身份是在反抗奥斯曼帝国、英法殖民者和以色列的斗争中慢慢形成的。摆脱西方殖民主义影响，建立一个包括所有阿拉伯人的国家，实现阿拉伯伟大复兴，成为各国阿拉伯人民的共同愿望，这股文化潮流就是阿拉伯主义。迄今为止，虽然建立统一阿拉伯国家的声音已经消失在历史的隧道中，但是反对西方帝国主义，解放巴勒斯坦，实现阿拉伯团结，仍然是阿拉伯主义的主要内容，成为阿拉伯文化染色板上一层新的色彩。

20 世纪 70 年代初，几乎所有阿拉伯国家都独立建国，进入现代主权国家体系。每个阿拉伯人都是国家的公民，都有国家、国族认同。每个国家都要积极建构本国的国族文化，以此强化国家凝聚力，巩固国家主权。国族文化是一个主权国家所有公民都认同的一种主流文化，是现代公民最强大的身份认同、最稳定的情感归属。现代社会里，一个人的首要身份应当是公民，他首先应当认同国家，然后才是一个部落成员、穆斯林、阿拉伯人。在部落文化、伊斯兰教、阿拉伯主义基础上，国族文化得到现代化潮流、主权国家的支持，成为最强势的文化新潮流，成为阿拉伯文化最耀眼的一层色彩。

于是，在身份问题上，阿拉伯人陷入彷徨、矛盾、挣扎时期。新的国族文化未能有效化解、融合传统的部落、宗教、阿拉伯认同，而是形成新旧文化认同的并行、对立与冲突。

今天，如果问一个沙特人"你是谁？"回答可能是"我是穆斯林""我是沙特人""我是萨玛部落的""我是阿拉伯人"。在风和日丽、岁月静好的日子里，一个人有多重身份没有问题；但当国家处于重大危难时刻，身份认同就显得特别重要。如果在沙特作为一个国家而最需要公民忠诚的时刻，一个人的首要身份认同是穆斯林、萨玛部落人、阿拉伯人，而非沙特人的话，就会严重损害国家安全。阿拉伯人常说，我是谁取决于对手是谁。其对国族、国家的忠诚，并非牢不可破。

萨拉德·阿扎米 1999 年在《阿拉伯的梦想乐园》一书中说，在现代化的外壳下，阿拉伯文化的内核仍然是部落、教派和族群。这样的判断可能言过其实，但是部落主义、伊斯兰主义、阿拉伯主义和国族主义共同构成阿拉伯政治文化的基础，应该是不争的事实。阿拉伯人的身份就像一块层层上色的木板，新色和底色相互渗透，多色融合且会产生新的色彩。

我是穆斯林

美国律师约瑟夫·布兰德描述过一个在沙特法庭打官司的真实故事，十分典型地反映出伊斯兰教在沙特的重要地位。

在沙特石油小镇布盖格一个闷热、拥挤的法庭内，原告和被告站在卡迪（伊斯兰宗教法庭的法官）面前，一场关于伤害案件的审判正在进行。被告是阿美石油公司的美籍雇员，他被沙特籍同事指控污蔑和伤害两项罪名。美国人非常紧张，不知道在这个异国的宗教法庭会发生什么，如果被判有罪，他可能要进监狱，也可能被驱逐出境，无论哪种情况都会让他失去工作多年的岗位。

卡迪告诉原告："为证明你的指控，你必须提供两个证人。你已经有一个证人了，还有另外一个吗？"原告表示没有了。卡迪说："那你只有一项权利了，就是要求被告起誓。"美国人迷惑不解地问自己的律师起誓是干什么。律师用最简洁的语言解释，对一个穆斯林而言，在真主面前撒谎是最大的罪恶，所以原告要求你起誓，如你拒绝起誓，立刻会被判有罪；如果你起誓，就必须是真实的。美国人马上同意起誓，跟随着卡迪说："我以上帝耶和华的名义起誓，我没有踢被告的左腿，也没有骂被告是婊子养的。"誓言宣读完，这个美国人立即被无罪释放。

信仰宗教是一个全球性现象，全球 84% 的人口信仰宗教。

大多数国家实行政教分离，宗教早已退出政治舞台，信仰宗教成为一个单纯的社会现象。阿拉伯世界却是个例外，伊斯兰教在每个阿拉伯国家都或多或少地在参与政治。1300年来，《古兰经》指导着阿拉伯人生活的方方面面，直到今天，《古兰经》《圣训》依然是许多阿拉伯国家的立法、司法来源，宗教法庭在社会、家庭领域享有司法权。阿拉伯国家在独立建国的过程中，大多曾经借助伊斯兰教巩固自己的政权基础，把公民对穆斯林身份的认同转化为对国家的认同，主动把宗教带入政治中。沙特是所有阿拉伯国家中宗教渗透政治最严重的国家，实际上是一个政教合一的国家。

现代国家的主权单一、完整、不可分割，沙特的主权却是支离破碎的。现代国家的主权属于人民，来源具有理性、世俗性，沙特主权属于神，来源具有非理性、宗教性。在沙特，主权属于真主，国王依据《古兰经》代行真主主权，宗教领袖则负责解读《古兰经》，实际上形成王权与教权共享、分割和竞争主权的局面。

沙特国家主权的合法性来源于伊斯兰教。1744年，部落领袖穆罕默德·本·沙特与宗教学者穆罕默德·本·阿卜杜·瓦哈卜首次会面，达成政教结盟的协议。瓦哈卜借助沙特的武装力量传播教义，沙特的领土扩张获得宗教授权，成为合法、正义的圣战。直到今天，沙特政教结盟的基本结构依然没有改变，根据

1992 年制定的"基本法",《古兰经》和《圣训》是沙特的宪法,一切国家制度建立在《古兰经》和《圣训》之上。政府权力源自《古兰经》和《圣训》,政府和国王存在的目的和意义就是保卫伊斯兰原则、实施伊斯兰教法。

沙特国家主流意识形态的领导权、指导权属于瓦哈比教派。瓦哈比教义的核心就是宗教与政治、社会的融合,伊斯兰教指导沙特民众生活的方方面面。在善与恶、对与错、罪与非罪、合法与非法等重大问题上,在人生的价值、人类的终极目标、国家的功能等核心议题上,瓦哈比垄断了发言权,这是一种巨大的、隐形的权力。近百年来,王室利用手中的权力和财富不断蚕食教权,在制度上、行政管理上教权已经从属于王权,但是未能从精神、法理、源头上摆脱对宗教的依赖。例如,教育部在解释现代教育的必要性时说,"伊斯兰教告诉我们,学习知识是每个穆斯林必尽的宗教义务"。

瓦哈比教派几乎完全控制着沙特的宗教事务,同时也主导着大部分司法和教育事务。沙特从建国开始,宗教、司法、教育部门的核心职位就由宗教人士担任,这些机构事实上成为瓦哈比的独立王国,也是瓦哈比教派落实意识形态领导权的主要路径。尽管国王享有对宗教、司法、教育官员的任命权,但这些部门的法理来源、工作指导原则、人员培训、具体事务处理都由宗教掌握,可以说在这三个领域国王拥有人权,宗教拥有事权。在这些方面国王没有独立决策权，乌拉玛[1]的影响非常大，行政部门的法令常常是一纸空文。例如，1980年部长会议做出决定，所有沙里亚大学都应教授世俗法律、规章，然而40年过去了，没有一所沙里亚大学执行。

在沙特，穆斯林身份认同严重损害国家主权、政府权威，成为国家安全的重大隐患。更严重的是，本国穆斯林认同外国甚至敌国的伊斯兰教派别，这对国家安全的影响是致命的。伊拉克就长期受这个问题的困扰。

伊拉克是伊斯兰教什叶派的发源地，拥有卡巴拉、纳杰夫两大什叶派圣城，什叶派占全国人口的60%左右，但是占人口少数的逊尼派长期掌握政权，什叶派是受压迫的多数派。伊朗则是全球最大的什叶派国家，什叶派占总人口的90%以上。伊拉克什叶派同伊朗有着密切的文化联系，同本国的逊尼派则少有交集。伊拉克建国后，曾多次与伊朗发生各种冲突，而境内的什叶派就成为政府的心腹之患。

伊拉克与伊朗边境线长达1450公里，自古以来就有大量跨境流动的什叶派人口。20世纪60年代，伊朗宗教领袖霍梅尼流亡到伊拉克，长期在伊拉克从事宗教、政治活动。1979年伊朗

---

1   乌拉玛是穆斯林公认的宗教学者或权威，如清真寺教长、宗教法庭法官、宗教学校教师等，是伊斯兰教法、教义的阐述者和监督者，在沙特的政治、社会生活中有着较大的影响力。

革命前夕，霍梅尼返回伊朗，推翻了君主制，建立了伊朗伊斯兰共和国。伊拉克萨达姆政权感受到来自伊朗的政治威胁，担忧伊拉克什叶派效仿伊朗革命，在伊拉克建立伊斯兰政权。萨达姆的担心并非没有根据，伊拉克一些什叶派领导人确有此意。当时，伊拉克什叶派的宗教领袖之一萨达尔，渴望在伊拉克推动伊斯兰革命。1980 年 4 月，萨达姆先下手为强，逮捕萨达尔。据说，萨达姆政府官员告诉萨达尔，如果他保证在监狱外保持沉默，就可以免死，萨达尔说："我已经把每一扇门都关上了，你们没有别的选择，只能杀了我，人民会因此而大起义。"

萨达尔希望他的死能激起什叶派大暴动，事实上他预期的大起义没有发生。但是萨达姆政府和什叶派群众仍然互相疑惧，两伊战争期间，大批伊拉克什叶派逃往伊朗：一些人是被驱赶的，另一些人则是自愿离开的。1982 年，什叶派流亡者在伊朗建立伊拉克伊斯兰最高委员会，其武装组织巴德尔民兵接受伊朗革命卫队训练，替伊朗作战。

1991 年海湾战争时，美国同伊拉克军队在科威特作战期间，美国总统布什通过媒体呼吁伊拉克什叶派起来反对萨达姆。这一次，伊拉克什叶派被动员起来了，然而什叶派大起义遭到萨达姆政府残酷镇压，最终也没有等来美国的支援。成千上万的人在起义中死亡，后来在其中一个"万人坑"中就发现 3000 具尸体。2003 年美国入侵伊拉克后，伊朗支持伊拉克什叶派民兵反抗组织，后在伊拉克形成"人民动员力量"武装，成为今天伊拉克的"国中之国"。

我是杰巴部落人

2003年，美国《华盛顿邮报》记者安东尼·夏迪德在伊拉克一个小镇采访时，记录了一个部落复仇的故事，其中折射出部落文化对伊拉克甚至整个阿拉伯世界的深刻影响。

2003年3月20日，美国以伊拉克拥有大规模杀伤性武器、支持恐怖主义为由，发动入侵伊拉克的战争。4月9日美军占领巴格达，萨达姆政府垮台，随后伊拉克人民逐渐掀起反抗美国占领的武装斗争，美军陷入游击战。2003年6月的一个星期一早上，4000名美军搭载直升机、装甲车突袭图鲁亚。这次袭击中，数十间房屋被摧毁，400多个村民被逮捕，3人死亡（分别是15岁的哈希姆、55岁的杰西姆和53岁的马赫德）。

图鲁亚是一个距离巴格达9个小时车程的小镇，位于底格里斯河与幼发拉底河之间的绿洲上，大部分居民是逊尼派穆斯林，属于所谓的逊尼派三角地区，是最先起来反抗美军占领的地方。萨达姆统治时期，这里的人是受益者，他们支持萨达姆，也得到萨达姆照顾。当年，图鲁亚90%的成年人是复兴党成员，25%

的人为政府、军队和情报部门工作。尽管图鲁亚已经成功融入这个现代国家的体制中，成为政权的捍卫者，但部落文化仍然是最基础的文化。杰巴是镇里最大的部落，其他部落包括哈兹拉吉、乌拜迪、布吉维里、布法拉吉。萨达姆政府垮台后，一时间社会大乱，这里迅速成为部落的天下。

萨巴赫被美军逮捕了，他头上套着麻袋，慢慢从一群被捕的村民面前走过，为美军指认几名反美武装分子。立刻，有人大喊："这是萨巴赫，这是萨巴赫。"村民们辨认出他黄色的拖鞋、残缺的右拇指——那是在一次事故中被切掉的。没有人知道萨巴赫的动机，有的人说他是为了钱。萨巴赫的父亲辩解，没有人看见指认者的脸，谁也不能确认他是谁，一切都只是猜测。人们痛恨美军，但是更恨指认者，认为那个人就是萨巴赫，认为他应当为在美军袭击中死去的3个村民负责。在图鲁亚，萨巴赫不仅仅是他自己，他代表着家族、部落，这件事需要依据部落规矩解决，萨巴赫必须用自己的血偿还死去的3个村民。

村里人不愿提萨巴赫的名字，提到他时就说"那个蒙面人"，小孩子玩游戏都唱："蒙面人，魔鬼的脸，魔鬼的脸。"萨巴赫属于杰巴部落，哈希姆属于阿尼部落。萨巴赫的行为羞辱了杰巴部落，如果杰巴部落自己不能内部处理，其他部落就会进攻杰巴部落，这可能引起长时期、大规模的部落复仇，死伤会很严重。3位死者的家庭要求，要么萨巴赫家自己处决他，要么村里人杀死他们全家。

然而，萨巴赫失踪了，3个星期后他游过底格里斯河，跑到舅舅家落脚。7月，萨巴赫的叔叔、弟弟把他押回图鲁亚。第二天黎明前，父亲和弟弟走进他的房间，每人手里拿一支AK-47，把他带到后院。他们一言未发，萨巴赫也没有说话，他明白自己的结局。父亲先向萨巴赫开枪，弟弟又向已经倒地的萨巴赫补了几枪。萨巴赫的父亲事后对记者说，我是一个父亲，有一颗父亲的心，就连先知亚伯拉罕都没有被要求杀自己的儿子，但我没有别的选择啊。

伊拉克是阿拉伯社会文化分裂、身份冲突的典型代表。伊拉克这个国名的阿语含义是根深蒂固、令人尊敬的，然而具有讽刺意味的是，伊拉克总是同政变、动荡、内乱联系在一起，直到今天仍然是阿拉伯世界最难治理的国家之一。从1932年独立建国以来，伊拉克一直动荡不安，仅有20世纪70年代短暂的10年属于相对和平时期。动荡的原因复杂多变，但政治文化始终是一个重要原因。

在伊拉克，人民对国家的认同感不强，反而既认同超越国家的阿拉伯主义、伊斯兰主义，又认同次于国家的部落、教派，给国家安全、政权稳定埋下了祸根。也就是说，伊拉克人认为自己首先是穆斯林、阿拉伯人、部落人，对这些身份的责任、义务和忠诚要高于对国家的。在复兴党统治时期，复兴党的正式文件中不使用"伊拉克共和国"的国名，反而用"阿拉伯祖国伊拉克地区"或"两河流域地区"，由此可以看出人民对国家的认同是多么漫不经心。

伊拉克的边界是人设的，缺乏历史、文化渊源。奥斯曼帝国统治时期，这里分别是巴士拉、巴格达和摩苏尔三个区。第一次世界大战期间，英国占领伊拉克，英国军队的控制范围、英法两国的交易成为确定伊拉克边境的重要依据。伊拉克政府也是人设的，而且是由外国人设的。英军占领伊拉克前，伊拉克是一个部落、宗教和族群社会，半数以上的人口隶属于游牧、半游牧部落。英国给伊拉克移植了一个君主立宪政体，空降了一位来自麦加的哈希米王室的费萨尔·伊本·侯赛因国王。

1932 年伊拉克独立建国时，英国是新生伊拉克的托管国，实际上享有"太上皇"的地位。宗教上，伊拉克分为逊尼派和什叶派，当时两派的人口比例大体相当，逊尼派多是游牧人口，掌握着政治权力；什叶派多是定居人口，比逊尼派贫穷。民族上，伊拉克分为阿拉伯人与库尔德人，库尔德是少数民族。地理上，库尔德人聚居在北部，逊尼派主要在中部，南部大部分是什叶派。北部是逊尼派部落联盟，包括阿拿扎、沙玛尔、杜拉姆；南部主要是什叶派部落联盟，大约有 36 个部落，最大的是穆塔非格部落联盟。

复仇是部落文化的重要内容，也是部落之间维持稳定、平衡的机制。阿拉伯社会分散的生产、生活方式导致其长期以来没有形成有效的中央集权制度，中央政府多数时候就是一支军队，主要负责征税、保卫领土和人民安全，政治、经济、社会、文化领域则靠地方自治。在中央政府鞭长莫及的情况下，地方上的人们在实践中形成一种互相制衡的部落文化。

这种互相制衡的团体从小到大，由里到外，一层层扩散。大大小小的团体实施分层级的内部自我管理，团体之间的关系则靠互相制衡、威慑维护，这是传统阿拉伯社会秩序的基础。

纵向看，部落社会的效忠制度是一个金字塔式的等级体系，个人对家庭负责，家庭对家族负责，家族对部落负责，部落对国王和国家负责。每个人在家庭中都有自己的位置和责任。同理，每个家庭成员做的事情，整个家庭都负有连带责任；部落成员做的事情，所有部落成员都有责任。对一个家庭成员的伤害，就是对整个家庭的伤害，也是对每个家庭成员的伤害。一个家庭成员犯错，可以惩罚另一个家庭成员。在部落内部，"我为人人，人人为我"。

横向看，在阿拉伯人的对外交往中，每一个人都有多重身份，他们以个人为圆心，由小到大向外延伸，分别是家庭、家族、宗族、部落、部落联盟、教派、伊斯兰教。不论是对外合作，还是对外复仇，都是家庭对家庭、家族对家族、宗族对宗族、部落对部落、部落联盟对部落联盟、教派对教派、伊斯兰教对异教，不能搞错秩序。部落人的理想人格是：受自己人尊重，被其他人害怕。

人类社会都是由部落社会发展到阶级社会，由松散、竞争的政治形态进化到中央集权的主权国家。但是，中东处于部落社会的时间特别长，产生了高度发达的部落文化；部落社会在中东所占的比重特别大，城市文明、工业文化很长时间以来没有形成对部落文化的主导性优势。现代主权国家建立后，阿拉伯社会向现代公民社会转变，部落文化与公民文化出现既相互冲突，又相互改造的复杂局面。部落文化的基石是对团体的忠诚，它讲究内外有别，而不是制度面前人人平等，自己的家庭、宗族、部落的利益比公平、正义、真理更重要。认同、忠诚的碎片化阻碍了形成认同单一的公民社会。在部落文化中，危险时刻人们主要靠自救和宗族亲属之间互助，现代公民社会则强调国家主权、法制、公平、行政集权，有问题找法律、警察、政府救助机关。在阿拉伯国家，当政府强势时，现代公民文化就占上风；当政府软弱甚至垮台时，部落文化就浮出水面。

直到今天，一些伊拉克人仍然认为，只有独裁者才能统治伊拉克这个文化上四分五裂的国家，"被人害怕的人才能带来和平"。在萨达姆强权统治时期，教派、部落、族群意识被迫潜伏起来。一旦中央政府垮台，教派冲突、部落复仇和族群对抗即迅速浮出水面，成为社会关系的主导力量。

在一个国家内部，宗教、部落、家庭凌驾于国家认同之上，往往会导致不同派别之间的冲突、分裂，削弱国家主权，威胁国家稳定与繁荣。更重要的是，由于历史原因，一个国家内部的宗教、部落往往同其他国家的宗教、部落有着千丝万缕的联系，形成跨越国境的文化认同。在国家危难时期，这种内外勾连的文化认同非常危险。

在一些阿拉伯国家，部落往往是跨国界的。沙特是萨玛部落的发源地，同时萨玛部落也是伊拉克非常有影响的部落，甚至还延伸到叙利亚境内。伊拉克、叙利亚的萨玛部落认同沙特萨玛部落的文化，这让沙特在处理同伊拉克、叙利亚的关系时无形中多了一张牌。社交媒体兴起后，部落的社交媒体群在虚拟世界连成一片。萨玛部落的社会群有 3 万多人，其中 1300 人是活跃用户，他们横跨沙特、伊拉克、叙利亚三个主权国家。穆塔亚部落社交群有 7 万注册用户，包括沙特、科威特、阿联酋等国的人。

部落文化既是中央政权虚弱的根源，也是中央政权虚弱的结果。1968 年美国人类学学者菲利普·卡尔·萨尔兹曼在俾路支斯坦部落考察时，当地人问他的第一个问题是"你的家族有多少人"，他回答"我没有家族"，人们困惑不解地问"那么你遇到危险和困难时，谁来帮助你啊"，他说"我找警察"。人们听后大笑着说："不可能，只有你的家人才能帮助你。"在随后的考察中，萨尔兹曼发现，当地警察往往依赖部落酋长、部落规矩处理问题。可以说，因为部落文化强势，所以警察机关难以有效发挥作用；也可以说，因为警察机关未能有效发挥作用，所以部落文化才盛行。

我是阿拉伯人

1949年叙利亚革命、1952年埃及革命和1958年伊拉克革命，在三个重要的阿拉伯国家推翻了国王，建立了共和国，为实现统一的阿拉伯国家奠定了基础。在埃及、叙利亚等国家的大力倡导下，"阿拉伯"一度成为人们最重要的身份认同。一方面，阿拉伯主义满足了阿拉伯人团结一致反抗帝国主义的心理需求。另一方面，地区大国传播阿拉伯主义，也是一种地区霸权主义的行为，借此扩大自己的地区影响。尽管这种文化扩张不像帝国主义武力扩张那样具有破坏性，但是也曾经对一些阿拉伯国家的主权和领土完整构成过严峻挑战。

20世纪50年代，价格低廉的收音机在阿拉伯社会广泛流行。当时，最受阿拉伯人喜爱的电台是总部位于开罗的"阿拉伯人民之声"。纳赛尔1953年创建"阿拉伯人民之声"，就是为了宣传埃及革命思想，推动阿拉伯国族主义运动。使用阿拉伯人民共同的母语，通过人民群众喜闻乐见的节目形式，"阿拉伯人民之声"成为传播阿拉伯国族主义的一面旗帜。一个当时的见证者回忆："人们的耳朵就像粘在了收音机上，特别是当阿拉伯国族主义的歌曲在广播中响起，号召阿拉伯人抬起头来保卫他们的尊严和土地免遭侵犯之时。"通过收音机，纳赛尔在思想文化上征服了阿拉伯世界，特别是征服了叙利亚。

1946 年，叙利亚摆脱了法国的委任统治，取得了真正的国家独立。然而，叙利亚人民、政党对国家的认同感并不强，他们普遍支持阿拉伯国族主义，渴望建立更大的阿拉伯国家。1950年 5 月通过的新宪法明确提出，叙利亚是阿拉伯国族的一部分，要努力建立单一的阿拉伯国家。当时，叙利亚政府处在混乱崩溃的边缘，1949—1955 年经历过 5 次领导人更迭，美国、苏联都在叙利亚扶植自己的代理人。美国、英国组建了亲西方的"巴格达条约组织"，伊朗、伊拉克和土耳其都是其成员，各方势力对叙利亚形成了包围之势。

阿拉伯复兴党和共产党争先恐后地巴结纳赛尔，想借纳赛尔在阿拉伯世界的威信提升自己的影响，抵御西方干涉。复兴党的口号本来就是"同一个阿拉伯国族，同一个使命"，主张所有阿拉伯人民建立一个单一的阿拉伯国家，这在理念上更接近纳赛尔的思想。到 1957 年复兴党和共产党都向纳赛尔提出叙利亚、埃及合并的建议，竞相提供更优惠的条件。当时两个党都没掌握政权，合并提议只是"空头支票"，并没有人当真。

稍后，军队开始涉足合并议题，对合并的热情比两个政党还高，合并的前景变得真实起来。军队曾经在叙利亚 3 次发动政变，推翻了政府，他们才是真正掌握叙利亚权力的人。

1958 年 1 月 12 日，叙利亚总参谋长阿非夫·比兹里率领 13 名高级军官飞往开罗，直奔纳赛尔官邸商讨合并事宜。在大马士革，代表团飞机离开后，叙利亚政府才获得消息。财政部长哈立德·阿兹姆在日记中写道："如果纳赛尔接受了这个提议，叙利亚将会消失；如果他拒绝了，叙利亚军队将占领国家机关，推翻政府和议会。"

叙利亚政府慌忙派外交部长萨拉丁·比塔尔赶到开罗，作为观察员打探消息。没想到萨拉丁·比塔尔一到开罗就摇身一变，作为政府代表参加了谈判。叙利亚党、政、军代表齐聚开罗，把自己的国家拱手交给纳赛尔。面对天上掉馅饼的好事，纳赛尔困惑不解。尽管纳赛尔一直鼓动阿拉伯主义，但他的重点是阿拉伯团结，没敢想国家合并这么激进的事情。何况，叙利亚和埃及并不接壤，中间隔着以色列、巴勒斯坦，合并为一个国家很难管理。最终，在利益、荣誉面前，纳赛尔顺水推舟，顺便提出了非常苛刻的条件。叙利亚与埃及完全合并，解散叙利亚政府、政党，叙利亚军队接受埃及人指挥。

纳赛尔的合并方案剥夺了叙利亚复兴党、军队的权力，复兴党和军队的代表竟然同意了，10 天后，他们兴高采烈地带着纳

赛尔的方案返回大马士革。叙利亚政府主动要求被埃及兼并，这在主权国家历史上闻所未闻。

叙利亚内阁用 24 小时讨论纳赛尔的方案，提出联邦制的妥协方案。在联邦制下，埃及和叙利亚享有平等地位，叙利亚仍有自己的主权。纳赛尔坚定地拒绝了叙利亚的替代方案：要么完全合并，要么不合并。这时，军队再次发挥关键作用，备好了前往开罗的飞机，总参谋长对内阁说："你们只有两条路：要么去开罗，要么去麦宰（叙利亚的监狱）。"当然，没有人愿意去监狱。

1958 年 2 月 1 日，叙利亚与埃及正式签署合并协议。2 月 21 日，阿拉伯联合共和国宣布成立，纳赛尔任首届总统，后来被证明也是这个国家唯一一届总统。3 月 6 日，联合共和国的首届内阁成立，4 位副总统，2 人是叙利亚人，2 人是埃及人；34 位内阁部长，埃及 20 人，叙利亚 14 人。埃及控制了核心部门，包括国防、外交、内政和工业等。阿拉伯联合共和国的政府位于开罗，在埃及和叙利亚分别成立由本地部长组成的执行委员会，作为中央政府的执行机构。1959 年 10 月，为加强对叙利亚的控制，纳赛尔委派埃及陆军元帅阿卜杜·哈基姆·阿米尔为总统代表，常驻叙利亚，全权负责叙利亚事务，复兴党、叙利亚军队完全被架空了。

叙利亚军官曾经是叙利亚与埃及合并的主要推手，也是最早对阿拉伯联合共和国不满的人。叙利亚的政府、政党被解散，叙利亚从一个主权国家降级为埃及统治下的一个地区政府，而且这个地区政府也是由埃及人领导的。埃及的阿米尔是叙利亚地区政府领导人，复兴党领导人只能做阿米尔的副手。埃及人以主人的身份出现在叙利亚，对叙利亚军官指手画脚，让激情澎湃的叙利亚军人深切体会到失去主权的悲哀。

随即，1961 年 7 月纳赛尔把埃及的改革进程复制到叙利亚，按照埃及的样板改造叙利亚。埃及人在叙利亚搞土改，实行工商业公有化改造，大地主的多余土地被没收，工商业主的产业被收归国有，地主、商人也站在了阿拉伯联合共和国的对立面。1959年底，萨拉丁·比塔尔等一批叙利亚复兴党领导人愤而辞职。1961 年纳赛尔干脆抛开叙利亚地区政府，直接在埃及首都开罗成立了一个政府，遥控叙利亚事务。

1961 年 9 月 28 日凌晨，叙利亚军队再次发动政变，逮捕了阿米尔元帅，占领了国家广播电台，宣布阿拉伯联合共和国解散，建立叙利亚临时政府。临时政府决定驱逐包括阿米尔元帅在内的所有埃及人，包括 6000 名士兵、5000 名文职人员和 12000 名工人。叙利亚军队反复无常、前恭后倨，令纳赛尔困惑不解。他最初想出兵平叛，后来又不想阿拉伯内讧，最终只得作罢。

此后，雄心勃勃的阿拉伯主义遭遇重大挫折。埃及卷入也门内战，同另外一个阿拉伯国家沙特打起了代理人战争。1967 年阿以战争后，解放巴勒斯坦的事业变得遥遥无期。1970 年纳赛尔去世之际，阿拉伯主义已经处于风雨飘摇之中。

然而，1973年阿拉伯国家对西方的石油禁运，却让阿拉伯主义大放异彩。这说明，在确保主权的前提下，跨国家的阿拉伯主义能够成为一种文化软实力，可以在国际博弈中发挥集团效应。

1967年阿以战争中，以色列大获全胜，分别占领约旦、埃及和叙利亚的约旦河西岸、西奈半岛、戈兰高地，阿拉伯国家面临前所未有的威胁。阿拉伯国家内部分裂，没有协调，是战败的原因之一。失败教育了阿拉伯人，人民呼吁阿拉伯国家团结一致，1967年8月阿拉伯国家联盟在苏丹首都喀土穆召开峰会，宣布著名的"三不宣言"：不同以色列谈判、不承认以色列、不给予以色列和平。埃及与沙特暂时妥协，形成对付以色列的统一战线。随后，在1973年战争中，叙利亚、埃及冲在前线战斗，沙特等国家在后方发动对美国的石油制裁，创造了阿拉伯合作的巅峰。

1973年1月，叙利亚与埃及达成一项绝密协议，统一了两国军队的指挥权。8月，埃及总统萨达特秘密访问沙特，向费萨尔国王介绍了于10月6日突袭以色列的计划，要求沙特届时对美国实施石油制裁。作为一名坚定的阿拉伯主义者，费萨尔同意到时候使用石油武器，只是要求埃及能把战争坚持得久一点，这样制裁才能发挥效力。

1973年10月6日，星期六，是犹太教的赎罪日，以色列全

民休息。下午 2 点，叙利亚、埃及军队同时从北南两侧对以色列发动突然袭击，史称"赎罪日战争"。战争让以色列人惊慌失措，几分钟内埃及向以色列发射 1 万多枚炮弹。战争最初 24 小时里，埃及军队横渡苏伊士运河，突破巴列夫防线，深入西奈半岛 4 公里；叙利亚军队突破以色列戈兰高地防线，向太巴列湖推进。此后，战争进入僵持阶段。10 月 16 日，以色列开始反攻，掌握了战争主动权。

在此关键时刻，阿拉伯国家启动了石油武器。1973 年 10 月 16 日，阿拉伯国家石油部长在科威特召开紧急会议，宣布将油价提高 17%，这一消息甚至没有知会在阿拉伯国家作业的西方石油公司。1970 年美国石油产量达到峰值后，国内产量逐年递减，对阿拉伯石油的依赖增加。到 1973 年时，美国、日本和欧洲对阿拉伯石油的进口分别占其总进口量的 28%、44% 和 70%—75%。

宣布调价当天，国际石油市场形成恐慌，油价暴涨 70%。沙特石油部长艾哈迈德·宰基说："这一天我已经等了很久，终于来临了，我们是自己商品的主人了。"第二天，阿拉伯石油部长们发表联合公报："所有阿拉伯产油国立刻削减产量，比例不得低于 9 月份的 5%，此后每个月递减同样的比例，直到以色列撤出 1967 年战争中占领的阿拉伯领土，巴勒斯坦人民的合法权益得到保障。"与此同时，阿拉伯国家宣布，友好国家的石油进口不受减产影响。

在外交战线上，当天沙特、科威特、阿尔及利亚和摩洛哥外交部长在白宫同美国总统尼克松、国务卿基辛格会晤，要求美国向以色列施加压力。然而，1973 年 10 月 18 日，尼克松政府仍然批准法案，向以色列提供 22 亿美元的武器装备。

愤怒的阿拉伯国家将产量下调 25%，对美国实施完全禁运。6 个月内，国际油价上涨 4 倍，西方经济遭受沉重打击。战场上，以色列的优势持续扩大。1973 年 10 月的第三周，以色列军队推进到距离开罗 60 英里、距离大马士革 20 英里的地方。为避免阿以战争引发世界大战，美国、苏联同时加大调停力度，基辛格进行了长达 5 个月的穿梭外交。

1974年1月18日，埃及、叙利亚分别同以色列达成停火协议，埃及收回苏伊士运河东岸，在西奈设置缓冲区；叙利亚收回戈兰高地的部分领土，在戈兰高地设置缓冲区。3月18日，阿拉伯国家宣布目标已经实现，结束石油禁运。

1973年石油禁运是阿拉伯主义的巅峰之作。外交上，阿拉伯国家的诉求得到国际社会特别是美、苏两国的重视，埃及打破了同以色列之间的僵局，为1979年的埃以和平打下了基础。政治上，向全世界展现了阿拉伯国家团结的伟大力量，阿拉伯国家首次成为国际政治舞台上的一支重要力量。经济上，阿拉伯国家摆脱了西方石油公司的控制，把石油管理权收归国家。战争前每桶石油3美元，战后涨到11—13美元，产油国一夜暴富。

阿拉伯国家中，只有埃及、黎巴嫩、叙利亚和约旦同以色列接壤，存在领土争端。但是在阿拉伯主义的旗帜下，所有阿拉伯国家有钱的出钱、有力的出力，都在不同程度上参与了同以色列的战争，谱写了一曲阿拉伯国家大团结的壮丽诗篇。

阿拉伯主义是一把双刃剑。在现代国际体系中，国家是最基本、最核心的单元。人民对国家的忠诚、认同是国家安全的基础，超越国界的认同需要服从甚至服务于国家认同。阿拉伯主义是一种典型的超国家认同，当它服务于国家认同时，就有利于国家安全；相反，当它凌驾于国家认同之上时，就会损害国家利益。1958年叙利亚与埃及合并时，在阿拉伯主义的旗帜下，叙利亚把自己的主权拱手让给埃及，是阿拉伯主义损害国家安全的典型事件。1973 年阿拉伯国家联合起来，对西方国家实施"石油制裁"，便是阿拉伯主义服务国家利益的光辉案例。

我是沙特人

2017 年 9 月 23 日，沙特迎来了第 87 个国庆节。沙特阿拉伯公共娱乐部在全国 17 个城市安排了 27 场大型系列庆祝活动，包括体育赛事、文艺表演、民俗表演、音乐会和烟火表演等。沙特国旗飘扬在大街小巷，一些车主将汽车涂成了"爱国绿"。

沙特政府组织了具有高科技含量的大型表演，用激光秀、动态烟火秀"点亮"沙特地平线，用飞机进行了特技和动画烟雾表演。值得注意的是，沙特女性首次被允许参与这些国庆活动。数以百计的女性第一次进入利雅德的法赫德国王体育场，观看国庆音乐表演和沙特历史剧。体育场内，女性仍然被要求同单身男性隔离就坐。"我希望未来我们能够不受限制地进入体育场，"来自沙特西北部城市塔布克的女生乌姆·阿卜杜拉赫曼说，"多年来，我一直希望女性与男性享有同样的权利。"

在世界其他国家，庆祝国庆节是一件自然而然的事情，在沙特却显得非同寻常。沙特 1932 年建国，直到 2007 年才首次将国庆节确定为国家法定节日。沙特人生来就有四重身份认同：部落人、穆斯林、阿拉伯人、国民，其中对国民的认同最弱，对穆斯林的认同更强，大部分人认为国家是一个含糊、遥远、异族的概念。保守宗教人士认为，所有穆斯林都属于"乌玛"（穆斯林共同体），乌玛超越国界、国族，因而反对国歌、国徽、国庆节等事物。因此，沙特对国族问题一直比较矛盾，其认为强烈的国族认同会削弱穆斯林认同，而穆斯林认同才是至高无上的。

过去，沙特王室借助伊斯兰教巩固自己的政治基础，特别强调公民的穆斯林身份、国家的伊斯兰性质。沙特的教师、乌拉玛、官员、家长讲爱国故事时，往往从公元 7 世纪伊斯兰教的创立讲起，以此固化年轻人对穆斯林身份的认同。然而，近年来沙特政府感觉到了国族认同的紧迫性，开始有意识地把沙特历史往前推，挖掘伊斯兰教之前的沙特历史，强化对沙特人的身份认同。确定国庆节为国家法定节日，大规模庆祝国庆节，不顾宗教保守人士反对，允许女性参与公共活动，就是要加强"我是沙特人"的国家认同，弱化宗教认同。

沙特的做法并非个案，大多数阿拉伯国家都在强化国族认同。今天，我们生活在一个由国族国家构成的国际体系中，主权国家是政治中最基本的单元，国族理应是现代公民最重要的身份。强大的、具有凝聚力的国族文化，是国家安全的基石。文化告诉人们什么是好的、什么是坏的，什么是应该做的、什么是不

文化与国家安全

应该做的，为人们确立行为规范，为社会构建可预期的秩序。如果一个国家的国族文化混乱、矛盾，就会导致社会分裂、内部冲突，损害国家安全的基础。在一些阿拉伯国家里，传统文化与现代文化、地区文化与族群文化、国族文化与跨国族文化不能有序共存、有机融合，而是引起了思想混乱，使人们在认识上不知所从，不明白自己是谁、从哪里来、到哪里去，不清楚自己忠诚于谁、服务于谁。

就个人而言，对"我是谁、从哪里来、要到哪里去"的问题，如果有非常清晰、坚定的答案，人就会活得自信、平静，这是一个人安身立命的文化基础。对于国家而言，全国人民不分族群、宗教、地域、贫富、年龄、性别，对国族文化有着自然而然的认同、归属和自豪感，知道自己的初心、使命和归属，是国家安全、稳定和繁荣的基础。一个人总是同时拥有多重身份认同，诸如宗教、意识形态、政党、语言等，但是对国族文化的认同应当是首位的、主导性的，其他认同服务、服从于国族文化认同。

一个国族的文化也是包罗万象的，有饮食文化、服饰文化，有政治文化、消费文化，也有科技文化、社会文化，但是每个国族都有自己最核心、最本质的主流文化，这是区别本国族与其他国族的文化基因。人的基因具有独一无二的特征，国族文化也具有鲜明的独特性。理想状态下，一个国族，一种文化，这种文化既不能超越，也不能小于本国族的地理面积、人口范围。

中国文化学者张立文认为，维护国族的独立性，与维护国族文化的独立性是一致的；一个国族文化独立性的丧失，或成为别的国族文化的附庸，或被别的国族文化所同化，那么，这个国族也就失去了独立性，这是必然的、无疑的。国家要独立，国族文化必须具有相应的独立性，这可以称为文化主权，是国家主权的重要构成部分。

国家在阿拉伯社会已有 4000 多年的历史，但是现代主权国家出现以来，阿拉伯社会却没有形成相对成熟的国族文化，政治文化与政治实体之间有所脱节。阿拉伯的部落文化、伊斯兰主义和阿拉伯主义，同国族文化都有较大反差。在范围上，部落文化小于国家；伊斯兰主义、阿拉伯主义又大于国家。在认同对象上，部落、宗教和阿拉伯主义都是国家的竞争对象，会削弱国家认同。因此，这三种认同如果强于或优于国家认同，就会侵害国家安全。在世界其他地区，也存在窄于国家文化的地方文化，或宽于国家文化的国际文化，但是这些文化在国族构成过程中渐渐让位、服务于国族文化。在中东地区，多数国族在建设过程中受内部分裂势力、外部帝国主义势力干扰，政府权力不够集中，行政效率不够高，国家处于弱势地位，往往向地方文化、跨国族文化妥协、让步、借力，最终使这些文化在今天仍有能力同国族文化相抗衡。

在一个严重分裂、碎片化的政治文化里，建设国族文化非常困难。一方面，为了与时俱进，阿拉伯各国文化需要现代化，进入全球先进文化的行列，保证文化的时代性。另一方面，阿拉伯各国文化又要保存自己的文化基因，延续传统文化的特性，保证文化的国族性。因此，国族性和时代性是现代国家主流文化的两大特征，国族性保证文化的延续，时代性推动文化的发展，两者相辅相成，缺一不可，且不可偏废。在国际上，学者们普遍认为，阿拉伯文化强调国族性、延续性，而时代性、创新性不足。阿拉伯社会本质上是传统主义者，他们往往根据传统习俗定义好和坏，符合传统的行为是好的，否则就是坏的。

追求文化的国族性与时代性和谐对接，发展出具有强大凝聚力的国族文化，就必须坚持文化的自主性。文化自主性是指传统文化主体具有相对独立的自主权，它在面对自然、社会，以至外来传统文化的挑战时，所采取的行动、行为方式、取舍标准都有选择自由。这绝对不是说国族文化要排斥别的文化，而是要自觉、积极、主动地改造和超越旧的事物，创造新的事物。张立文在谈到中国文化的创新时讲："今天，中国要创造出既不是中国原有的文化传统，也不是趋同于西方的文化传统，而是中国传统文化的延续，又吸收了西方文化的崭新的文化。"这个论断也适用于阿拉伯文化的创新。过去一千年里，阿拉伯国家一直处于外部强势文化的压力之下，坚持文化的自主性非常不容易。特别是冷战结束以来，西方文化一直宣传自己的"普世性"，向第三世界国家进行文化输出，阿拉伯国家面临的文化压力有增无减。越是在困难时期，越要坚持文化的自主性和国族性，只有这样才能展现出本国文化的国际性。美国政治学者塞缪尔·亨廷顿谈到西方文化时也强调，西方文化的价值在于其独特性，而非普世性。

必须强调的是，文化"影响"人的行为，但不"决定"人的行为，或者说文化是影响人的行为的众多因素之一，不能陷入"文化决定论"。除了文化外，人内在的生理、心理因素，外在的经济、社会规律，国际上国家之间的交往，都能影响人的行为。

参 考 文 献

1　张立文:《传统文化与现代化》,中国人民大学出版社 1987 年版。

2　[英]尤金·罗根著,廉超群、李海鹏译:《征服与革命中的阿拉伯人》,浙江人民出版社 2019 年版。

3　Philip Carl Salzman, Culture and Conflict in the Middle East, Humanity Books, 2008.

4　Samuel P. Huntington, The Clash of Civilization and the Remaking the World Order, New York: Simon & Schuster, 1996.

5　Abdullah Lutfiyya, Baytin: A Jordanian Village, The Hague: Mouton and CO., 1966.

6　Jacques Berque, The Arabs, New York: Praeger, 1965.Anthony Shadid, Night Draws Near: Iraq's People in the Shadow of America's War, New York: Heny Holt and Company, 2005.

7　Mohammed Naguib, Egypt's Destiny, London: Gollance, 1955.

8　Edward Said, Orientalism, New York: Vintage, 1979.

9　William L. Cleveland, The Making of an Arab Nationalist, Princeton: Princeton University Press, 1971.

10　Fouad Ajami, The Dreamed Palace of the Arab, New York: Nintage, 1999.

11　Joseph Brand, "Aspect of Saudi Arabia Law and Practice", Boston College International and Comparative Law Review, Volume 9, Issue 1, 1986.

6

第六章

犹太文化韧性
与以色列

第六章

　　犹太民族是一个极为特殊的民族。以色列是当今世界唯一以犹太民族为主体的国度。目前全球约有1500万犹太人，分布在世界各国。在以色列的近920万人口中，约有680万犹太人。

　　犹太民族的特殊性主要体现为独特的历史、宗教和文化传统。历史上，犹太民族在世界各地流散近两千年，在层出不穷的反犹主义浪潮中历尽磨难。犹太文化在持续遭受外部反犹势力排斥、冲击甚至摧残的逆境中，不断进行抗争和调整，在保持民族认同感这一核心价值观的同时，与时俱进，兼顾闭合性与开放性、同一性和多元化，表现出顽强的生命力，对以色列的安全观和安全战略产生了重要影响。

　　在流散时期和战争年代，犹太人强烈的民族认同感，以及由此形成的强大民族凝聚力，对捍卫民族尊严和统一、建立以色列国和维护国家安全起到了重要作用。

在中东和平进程开启、以阿关系缓和后，以色列国内矛盾日益突出和加剧。由此导致的民族认同感弱化和凝聚力下降，对社会稳定产生了诸多负面影响，也给国家安全带来隐患。

谁是犹太人？

要想了解犹太民族，须先从犹太教谈起。

犹太教经典《塔木德》中记载了一件事：在犹太人的宗教节日——逾越节期间，有个人来到耶路撒冷。他自称是犹太人，于是受到当地人的热情款待，并应邀参加一个犹太家庭的逾越节家宴。在一起吃完逾越节的传统食物——羊羔肉之后，此人对主人说他想吃羊的内脏，令主人大吃一惊。原来，根据犹太教的规定，羊的内脏不能吃，须当作祭品奉献给上帝。《希伯来圣经》（犹太教经典，基督教称之为《圣经·旧约》）中明确规定"外邦人不可吃这羊羔"。主人意识到自己的客人触犯了犹太教律法，于是将这位冒充者扭送到宗教机构。

这个故事告诉人们一个识别犹太人的重要标准，即是否信奉犹太教。从历史上看，犹太民族的形成和发展与犹太教密不可分。

史实与传说融为一体，是犹太民族古代史的一大特征。源远流长的犹太史与犹太教可谓水乳交融。正如以色列著名政治家、前外交部长阿巴·埃班所说："以色列的历史在晨昏蒙影中开始。其中，史实与传说彼此交融，难以分辨。传说已经成为我们经验的一个重要部分。"事实上，犹太人的宗教传说要比实际发生过的历史更深刻地影响着犹太民族的发展和精神面貌。这一点从犹太教和犹太人民族意识的产生过程中可见一斑。

作为古代闪米特人的一支，犹太人的祖先希伯来人原是一群生活在两河流域（今伊拉克）、受到古巴比伦文化影响的游牧部落，他们奉行多神和偶像崇拜。据《希伯来圣经》记载，约在公元前1900年，受上帝耶和华的指引，酋长亚伯拉罕率领希伯来部族成员来到迦南（今巴勒斯坦地区），并在此生息繁衍。亚伯拉罕的妻子撒拉生下儿子以撒，以撒所生次子名叫雅各，雅各生有12个儿子。雅各曾梦见与天使角力，被神赐名"以色列"，意为"同神摔跤的人"，故希伯来人又称以色列人。

后来，迦南发生旱灾和饥荒，希伯来人背井离乡到埃及避难，在那里生活了约400年。雅各的12个儿子及后代不断繁衍，逐渐形成12个部落。据《希伯来圣经》中的《出埃及记》记载，因不堪忍受埃及法老的奴役，约在公元前1445年，民族英雄、先知摩西奉上帝之命率希伯来人逃出埃及。

之后，希伯来人辗转到西奈半岛，流浪了约40年。期间，为彻底打破希伯来人多神和偶像崇拜的习俗，摩西发动了一场统一宗教信仰的运动。他借与上帝立约之名，在西奈山与其族人约定"摩西十诫"。这一事件促使希伯来人（后来的犹太人）完成了从多神崇拜到一神观的转变，以及上帝在犹太人心目中从部落神到民族神的提升，标志着犹太教的诞生，为犹太人民族意识的形成奠定了信仰基础。

摩西死后，犹太人在另一位先知约书亚的带领下重返迦南。公元前1006年，在犹大部落的大卫领导下，犹太人打败当地的迦南人和非力士人，建立了希伯来王国。公元前973年，大卫王之子所罗门继位，在耶路撒冷建造了规模宏大的圣殿，用于供奉上帝，史称"第一圣殿"。自此，耶路撒冷成为犹太教最重要的圣地和犹太人最主要的民族精神中心。

与世界其他民族不同，犹太民族具有独特的"教族合一"性，即文化传统与宗教相互融合，难解难分。犹太民族与犹太教具有与生俱来的相互依存、血肉相连的紧密关系。一方面，与其他跨民族宗教不同，犹太教只是犹太民族的宗教；另一方面，犹太人作为信仰犹太教的民族，天生具有鲜明的"宗教气质"。从某种程度上说，没有犹太教，犹太民族也许已经不复存在了。

犹太教之名源自古希腊文"Ioudaismos"，意指犹太人的宗教信仰及习俗。它是犹太民族的传统宗教，已有约4000年的历史。希伯来语中与犹太教意思相近的"Yahadut"一词表示"犹太人的一切"，其英文对应词"Judaism"源自希腊文"Judaismos"，既表示宗教，又表示民族。除宗教内涵外，它还反映并强调犹太人的日常行为准则及生活方式。

可见，不论是从教义基础，还是从宗教节期等因素来讲，犹

太教都是集宗教观与民族观为一体的宗教。犹太教的这种独特性决定了其宗教理念的与众不同。从民族历史中认知上帝、寻找自我的传统思维方式，从犹太教的"三观"，即"上帝选民观""应许之地观"和"契约观"中可见一斑。

上帝选民观。犹太教教义认为，犹太民族是上帝从万民中挑选出的一个特别的民族。《希伯来圣经》中有这样一段话："因为你们是耶和华你主神的圣洁的民，耶和华从地上的万民中拣选你们特作自己的子民。"由此，犹太人自称"特选子民"。近代的犹太学者认为，"特选子民"观念有两种含义：一是特选意味着一种责任而不是权利。圣洁和荣耀只能被看成是对忠实守约的一种褒奖，而不是无条件的赐予和一项特权。《希伯来圣经》中多次暗示，特选意味着犹太民族为其他民族承担责任，甚至包括替他们受难；二是指犹太人的独特性，即具有较高的智慧和品行。尽管"特选子民"只是一个宗教上的观念，然而千百年来，特别是在犹太民族多次遭受迫害、面临民族危亡之际，这一观念不仅使受难的犹太人在精神上得到慰藉，使流离失所的犹太民族文化得以一脉承袭，而且使犹太人在道德上不断追求完美，在精神上始终保持昂奋，以成为世界上一个伟大而优秀的民族自居。

应许之地观。"应许之地"亦称"以色列之地"，即巴勒斯坦是上帝应允赐给犹太民族永远居住的土地。据《希伯来圣经》记载，上帝耶和华曾向亚伯拉罕显现并许诺："我要将你现在居住的地，就是迦南全地，赐给你和你的后裔，永远为业。我也必作他们的神。"犹太人根据这一传说，把这片土地视为"应许之地"，并在此基础上形成了特有的故土观念。这一观念最重要的意义，在于犹太民族与"应许之地"之间的精神联系。特别是在失国、流散期间，"应许之地"一直是犹太人"心中的圣殿"和精神支柱，并成为犹太复国主义思想的源泉之一。

契约观。此说源于《希伯来圣经》的《创世纪》中上帝与犹太民族始祖亚伯拉罕缔结的约："亚伯拉罕必将成为强大的国，地上的万国都必因他得福。我眷顾他，为要他吩咐他的众子和他的眷属，遵守我的道，秉公行义。"

《出埃及记》叙述了摩西在率领犹太人离开埃及后，曾将他们全体召集在西奈山下，再次确认了祖先与上帝订立的约，确定了犹太民族对上帝的集体承诺。从此，作为"特选子民"的犹太民族，便肩负了上帝委托的特殊使命。这个约不但像日月星辰的运行一样永远不能废除，而且对每一个犹太人都有约束力。犹太人一旦"违约"，必将受到惩罚、蒙受苦难，即遭受"加路特"（希伯来文意为"驱逐""放逐"）。后来，由于犹太民族没有完成它的使命，即未能成为"以正义、道德以及和平照亮各民族的灯塔"，果然受到了惩罚。这也成为解释犹太人在历史上历尽磨难的教理依据之一。

然而，犹太人也相信，只要诚心忏悔，并服从上帝的旨意，即遵守犹太教律法（在犹太教中，占据核心地位的是律法，规范着所有团体和个人的行为），犹太子民仍将会得到上帝的拯救，即"苟拉"（希伯来文意为"救赎"）。

犹太教"三观"深深地植根于大多数犹太人的心灵之中，并同时影响了现代的世俗犹太人。例如以色列国的创始人、首任总理本—古里安是一名研究《希伯来圣经》的学者，但他说自己是俗人，不是教徒。他解释说："由于我经常引用犹太教的经文，我要申明，我本人并不相信经文中的上帝。我的意思是，我不能'求助于上帝'，或者说去向一个生活在天上的超人祈祷。然而，尽管我信奉的哲学是世俗的，但我深信耶利米和以赛亚（二人均为《希伯来圣经》中的先知）的上帝。我确实认为，这是犹太人祖先遗产的一部分。我不是教徒，以色列早期的创业者多数也是不信教的。可是，他们对这块土地深沉的爱却是来自《希伯来圣经》。"他把《希伯来圣经》说成是他"生平唯一最重要的书"。

据《出埃及记》记载，逃荒到埃及的犹太人不堪忍受法老的残酷奴役，要求离开埃及返回迦南。然而，他们受到法老百般刁难和阻拦。于是，上帝授权先知摩西在埃及连续降下血灾、蛙灾、虱灾、蝇灾、畜疫之灾、疮灾、雹灾、蝗灾、黑暗之灾，迫使法老让步。可每当灾难消除，法老就出尔反尔。于是，上帝决定亲自出马，击杀所有埃及人的长子和头生牲畜。他让摩西转告每一户犹太人，在犹太历尼散月（公历 4 月）14 日宰杀公羊羔

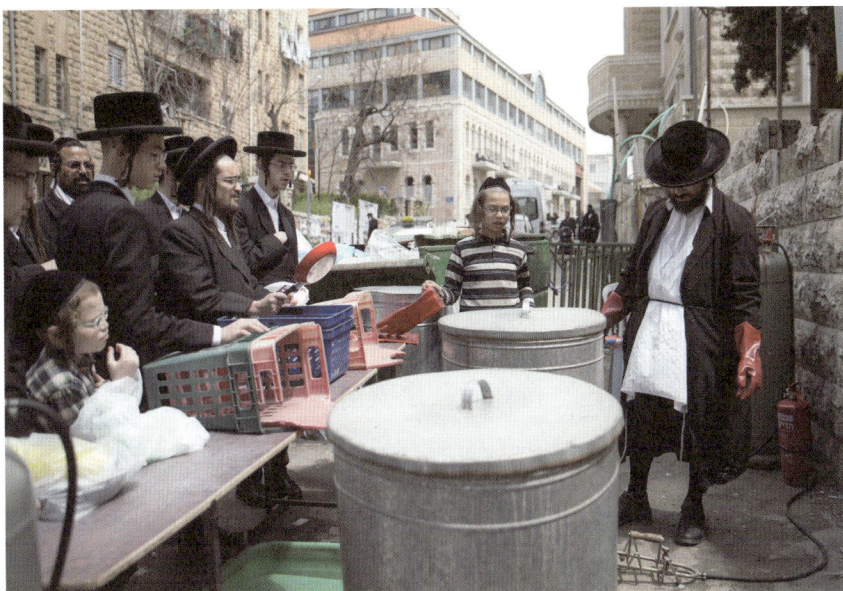

一只，并将羊血涂抹在门楣和门框上，作为标记。上帝见到这记号，就越过这户人家。在埃及人蒙受这致命的第十个灾难后，法老终于允许犹太人离开埃及。犹太人为感恩上帝，将每年尼散月14日起的7天特定为节日。这就是犹太民族最古老、最重要的节日——逾越节的来历。

　　在漫长的流散历程中，犹太人丧失了作为一个族群共同生活的疆域，长期生活在语言、习俗迥异的陌生环境中。然而，这一切均未能抹杀犹太人内心深处的文化和传统记忆。在这方面，犹太宗教节期发挥了神奇的作用。这些节日与犹太人的宗教与历史紧密相联，成为普通民众重温民族教义、反思民族历史命运的社会课堂，促使犹太人时刻牢记民族苦难并保持警醒，从而使犹太民族意识得到持续强化。

众所周知，海外华人虽生活在世界各地，但每年依然过中国的传统节日，尤其是春节。每年除夕，中央电视台的"春节联欢晚会"都面向全球华人进行直播。是否重视春节，是识别华人的重要标志之一。犹太人亦然，不管走到哪里，他们都不忘恪守民族传统习俗，特别是坚持在民族宗教节日举行庆祝活动。犹太人主要的宗教节日均源于祖先和前辈的某种经历，并将犹太民族的历史巧妙地融入节日庆典、宗教仪式之中。例如，逾越节主要是为了纪念祖先成功摆脱埃及法老的迫害和奴役，侧重追思民族苦难史和上帝拯救之恩，进行民族传统教育；住棚节是提醒犹太人不要忘记先辈在西奈沙漠流浪时寄居茅草棚的艰难岁月；五旬节重点强调遵守律法，进行尽宗教义务的教育；赎罪日则成为犹太人每年反躬自省、励精图治的象征。这些具有全民性特征、每年周期性到来的节日，逐渐变成犹太民族一遍又一遍地重温本民族的历史，一遍又一遍地接受本民族的宗教教育，一遍又一遍地反思本民族历史使命的特殊日子。

历史上，犹太人的国家曾屡次被外族征服，使本民族的宗教信仰和文化传统几度面临消亡的险境。公元前930年，由大卫建立的希伯来王国分裂为北方的以色列王国（定都撒玛利亚）和南方的犹大王国（定都耶路撒冷）。公元前721年，以色列王国被亚述帝国所灭。因沦为帝国臣民而失去原有的信仰，数万犹太人逐渐被异族同化，成为传说中"10 个遗失的以色列部落"。

公元前 586 年，新巴比伦王国灭犹大王国，攻陷耶路撒冷，摧毁了圣殿，并将犹太人掳往巴比伦为奴，史称"巴比伦之囚"。当时，流散在外的希伯来人被称为"犹太人"，意为犹大王国灭亡后的遗民。这一称呼沿袭至今。

圣殿被毁后，犹太教失去了依托的精神中心，使寄居他乡的犹太人面临信仰危机。犹太先知们意识到，只有进一步确立和巩固犹太教律法作为生活指南的地位，使之成为犹太人"心中的圣殿"，使这些"特选子民"在信仰和生活方式上保持与众不同，才能避免重蹈被同化的覆辙。于是，先知们发起了以"上帝中心论"为前提、以提高伦理道德为宗旨的社会文化运动，对维护犹太人的信仰和传统起了重要作用。

公元前 539 年，波斯帝国灭新巴比伦王国。犹太人被允许返回巴勒斯坦并重建圣殿，史称"第二圣殿"。公元 135 年，罗马帝国镇压了犹太人的起义，放火烧毁"第二圣殿"，并将大部分犹太人驱逐出巴勒斯坦。进入流散状态后，犹太人再度面临丧失统一的宗教信仰和文化传统，甚至走向民族消亡的危机。为避免这一灾难的发生，作为犹太人知识精英的拉比们（希伯来语意为"老师"）经过几代人的不懈努力，共同编纂了被称为"口传律法"（即对律法的阐释、补充和实施细则）的文明法典——《塔木德》，从而完成了犹太教从圣殿崇拜到经典崇拜的过渡。继《希伯来圣经》之后，《塔木德》成为犹太教的"第二经典"，它同时也是犹太人日常生活的指南和智慧的结晶，对维系流散犹太人的民族意识起到了极为重要的作用。散居在世界各地的犹太人在失去了构成民族历史最稳定、最持久的要素——共同的地理疆域后，通过世代不间断地学习《塔木德》，维持着共同的信仰和生活方式，顽强地守住了其共同的文化疆界，创造了流而不散的历史文化奇迹。公元 70 年攻陷耶路撒冷之前，罗马军队已开始肆无忌惮地破坏犹太会堂。一位名叫约哈南的拉比预料到犹太人将面临灭顶之灾，便通过"装死"的方法，见到罗马军队的司令官韦斯巴芗。他以肯定的语气声称，韦斯巴芗将来一定能当上罗马皇帝。这位司令官感谢拉比的祝福，询问他想得到什么。拉比答道："我只有一个心愿，给我留下一个能容纳大约 10 个拉比的学校，永远不要破坏它。"韦斯巴芗考虑片刻后，答应了他的要求。不久，罗马皇帝死了。韦斯巴芗倚仗他在军队的势力，果真坐上了皇帝的宝座。他向占领耶路撒冷的军队发布了一道命令："只留下一所小小的学校。"这样，在遭受屠杀和驱逐后，犹太人的宗教文化和民族传统仍保留了一个得以流传的重要渠道。侥幸得以保留的这所学校，就是位于特拉维夫南部沿海平原上、留名百世的雅夫内经学院。幸存下来的犹太贤哲们在这里坐而论道，温故知新，编定律法，重塑因圣殿被毁而难以为继的犹太宗教和文化传统。据说，作为拉比犹太教的经典之一的《密释纳》就是从这里开始编写的。俗话说"福兮祸所伏"，在犹太人流散世界各地、客居他乡的过程中，犹太教理念和宗教传统习俗在成为民族认同感和民族凝聚力"纽带"的同时，也为反犹主义提供了借口。

国破族未亡

反犹主义是出于文化演绎、民族偏见等观念而产生的一切厌恶、憎恨、排斥、仇视犹太人的思想和行为。在反犹主义者看来，犹太人与众不同的"犹太性"，尤其是"不合群"的表现，是他们"遭人恨"的重要根源。犹太人恪守本民族独特的宗教信仰和传统习俗，难免与所居住国的文化产生隔阂，甚至格格不入，引起当地人的反感，并因此被视为脱离主流社会的"异类"。这种反感经过千百年的积淀，以及周而复始、层出不穷的反犹浪潮，形成对犹太人越来越严重的种族偏见。反犹主义者认为，从本质上、历史上、种族上、自然属性上来讲，犹太人都是一个能力低下、邪恶、不应与之交往、理应受到谴责或迫害的劣等民族。

通过对二战结束之前不同国家反犹主义的考察可以发现，反犹原因和表现形式均有所不同，总体上呈现出逐步递进、升级和变本加厉的特征，在二战期间达到顶峰。

宗教反犹。《希伯来圣经》中的《以斯帖记》记载了这样一个故事：在公元前 5 世纪波斯帝国的首都书珊，波斯王亚哈随鲁的宰相哈曼飞扬跋扈，迫使宫廷中的大臣见面都要向他行鞠躬和跪拜礼。宫廷中有一位低级官员名叫末底改，是虔诚的犹太人。他恪守不拜任何偶像的犹太教诫命，拒绝向哈曼行礼。哈曼就此迁怒于帝国统治下的所有犹太人，于是对波斯王说："有一种民族，散居在王国各省的民中。他们的律例与万民的律例不同，也不守王的律例，所以容留他们与王权无益。王若以为美，请下旨意灭绝他们。"在征得同意后，哈曼策划了屠杀犹太人的行动计划，并以抽签方式确定行动日期为犹太历亚达月 13 日。在灾难即将降临之际，幸亏作为王后的犹太女子以斯帖及时挺身而出，凭借勇敢与智慧说服国王，惩处了哈曼及其同党，才使犹太人化险为夷。为庆祝这一胜利，犹太人将亚达月 14 日和 15 日定为普珥节（波斯语"普珥"意为"抽签"）。犹太人对哈曼恨之入骨，在普珥节期间专门制作了一种被称为"哈曼耳朵"的小点心，以便"食之解恨"。这一习俗一直沿袭至今。"吊得像哈曼一样高"已成为一句在犹太人当中流行的谚语，意为"搬起石头砸自己的脚"。

实际上，大多数处于流散中的犹太人都没有末底改那么幸运。因坚持自己的宗教信仰，固守文化传统，犹太人往往招致宗教反犹主义侵袭，甚至被剥夺宗教信仰自由。

< 犹太教传统节日普珥节

公元前 331 年，来自希腊的马其顿国王亚历山大灭波斯帝国，开始推行希腊化运动。在犹太人看来，希腊文化与偶像崇拜、无神论以及异教徒同出一辙，因而拒绝向希腊神庙献祭。由此，在希腊化时代后期，塞琉古王朝统治者采取了一系列亵渎犹太教的严厉措施，试图强行同化犹太民族，如下令废止犹太教的节期，禁止守安息日，严禁行割礼；焚毁犹太教经典书籍；在耶路撒冷的犹太教圣殿摆放希腊神祭坛，并用犹太人忌讳的猪作为祭物。不仅如此，犹太人甚至还被强迫吃猪肉。

在罗马帝国统治时期，因犹太教明文规定反对任何形式的偶像崇拜，犹太人拒绝参与定期举行的、对罗马皇帝效忠的仪式，因而被视为"意在谋反的举动"。为了铲除犹太人"不忠"的根源，罗马统治者下令禁止一切犹太教习俗，甚至规定实行割礼者均予以处死。在对亚历山大城犹太人的训话中，当时罗马派驻埃及的长官大谈废除守安息日习俗的必要性。他振振有词地说："假如正好在星期六这一天敌人突然入侵，尼罗河水突然泛滥，或者发生了火灾、雷击、饥荒、瘟疫、地震等灾难，你们是否还会像平日那样平静地待在家中呢？是否还会像往常一样，在你们的犹太会堂中举行神圣的仪式，诵读你们的圣书，解释那些含糊不清的章节，滔滔不绝地发表有关你们哲学观点的长篇大论呢？我想，你们是绝对不会那样的，一定会马上行动起来，去抢救你们的父母、你们的孩子、你们的财产，以及一切对你们有用的物品。好了，现在我就是这一切，是暴风雨、战争、洪水、雷击、饥荒、地震、灾难，你们必须放弃守安息日的陋习！"

在中世纪的欧洲，犹太人常常因莫须有的罪名受到指控。其中"血祭诽谤"就是典型的一例，即指控犹太人为获得过逾越节所需的血水，秘密谋杀基督教男童。1255年夏天，在英格兰林肯郡的首府传出一个消息：一位名叫休的8岁男孩突然失踪。有人称曾看见他与几名犹太儿童一起玩球。休的母亲急忙四处寻找，后在一个犹太人宅院附近的污水井中发现了男孩的尸体。从现场来看，他很有可能是在追球时失足落井而死。尸体被打捞出来时，一位基督徒对在场围观的人说了一句话："不知诸位是否听说过，犹太人为了嘲弄被钉十字架的主耶稣基督，常常从事谋杀基督男童的事？"此言一出，人们纷纷用怀疑的眼光盯住了犹太人。类似情况的发生往往会导致对犹太人的指控，甚至引发针对犹太人的暴力事件。

基督教与犹太教同为一神教，其神学思想的大部分内容均出自犹太教。换言之，犹太教是孕育基督教的"母亲宗教"。然而，因教义分歧，特别是认定犹太人对"耶稣之死"负有责任，早期的基督教会似乎天生具有"嫌母情结"，在从犹太教中分离出来后，对孕育自己的"母亲"百般嫌弃，不但不愿承认自己的"身世"，而且对犹太教充满敌意。公元4世纪，随着罗马皇帝君士坦丁的正式皈依，基督教在坐上"国教"这把交椅后，执意与罗马统治者联手，对犹太教徒实施一系列迫害，主要表现在：基督教会制造并散布一系列恶意中伤犹太人的言论，并决定每年复活节的庆祝日期不再依据犹太历而定，作为"与这样一个可憎民族彻底决裂"的开端；罗马皇帝制定法律，禁止犹太男子与基督徒女子结婚，违者处以死刑；颁布政令，禁止犹太人担任公职，并从军队中清除犹太人。此外，基督教的教父、主教等上层人士还通过各种方式散布反犹思想，煽动民众对犹太人的仇恨，为之后大规模的反犹主义行径埋下了种子。早期的基督教会对犹太人实施宗教歧视和迫害事出有因，一方面，基督教会要彰显自身教义的优越，吸引更多民众入教；另一方面，一些基督徒意欲通过此举，发泄对拒绝皈依基督教的犹太人的不满和怨恨。

社会反犹。所谓"隔都"，是指城市中划出的一条街道或街区，作为强迫犹太人居住的法定区域。"隔都"（ghetto）一词源于希伯来语（ghet，意为"分开"或"隔离"），它形象地反映出犹太人与所在国非犹太社会的交流渠道遭阻断、被排斥在主流社会之外的历史事实。最早的"隔都"于1516年出现在意大利的威尼斯共和国，是一个在铸造枪炮的工厂周围划出的街区，被当局指定让犹太人居住，四周筑起高墙使之与城市其他部分隔开，门口派专人看守。

在"隔都"，犹太人的人身自由受到严格限制。每天傍晚天黑以后，在这里居住的犹太人就不能再出去。每逢安息日、犹太人的节日和基督教的节日等，"隔都"都大门紧锁，不允许犹太居民跨出一步。按规定，"隔都"的守门人必须是基督徒，且工资须由犹太人支付。"隔都"的范围一经划定，一般不允许扩大面积，因而随着人口增长，"隔都"内便越来越拥挤不堪。因住房只能盖得越来越高，失火的风险很大，卫生条件也极为恶劣。除一般的税收外，"隔都"的犹太居民还须向当局缴纳一种特殊的人头税。此外，"隔都"中的犹太人还被强制佩带特殊的标志，比如女子须穿一红一绿两只不同颜色的鞋子，并佩上铃铛，使其他人远远就能看到和听到，以便为了免遭"污染"而提前避开。

经济反犹。《威尼斯商人》是家喻户晓的莎士比亚名剧。剧中的"犹太奸商"夏洛克要求从欠债人身上割肉抵债的一幕令人印象深刻。无独有偶，20 世纪 60 年代，苏联出版的名为《毫不夸张的犹太教》一书中有一幅插图，描绘的是一个犹太老人，他袖管高高捋起，手臂伸向一个盘子，瘦骨嶙峋的双手紧紧抓住盘子里的纸币和硬币。此图着意刻画犹太高利贷者的贪婪形象，典型地反映出当时苏联强烈的反犹主义情结。

在中世纪，犹太人从事放贷业事出有因。随着以基督教为主流的欧洲社会对犹太人的歧视和迫害加剧，当政的基督教会对犹太人经济活动范围的限制也越来越多。当时的"热门行业"，如农业、手工业和商业等都对犹太人关上了大门。只有通过借贷收取利息的放贷业，被视为违背社会伦理的高利贷活动，也是基督徒所不齿并严禁从事的"罪孽"行业，才允许犹太人涉足。同时，由于犹太人普遍被视为"异族"和"客民"，在当地的居住权并非与生俱来，而是有条件的，最重要的就是要"拿钱买生活"。在一些国家，犹太人须通过缴纳远多于非犹太人的税额，才能获得居住权；须给予"保护人"特别款项或捐赠，才能免遭迫害；在成为天灾人祸的"替罪羊"时，犹太人只有"破财"才能"免灾"。这样，金钱不仅是犹太人的"生存券"，还是生命安全的"保险金"。于是，在"生活需要金钱"法则下，金钱也成为犹太人心目中的"第二个上帝"。由此，也就不难理解他们千方百计赚钱的动机。

政治反犹。这方面主要表现为犹太人的基本公民权利被剥夺。1881 年，俄国沙皇亚历山大二世遇刺身亡。在案件调查过程中，因发现涉嫌人员里有一名犹太女子，顿时谣言四起，谋杀罪名也就自然而然地转嫁到犹太人头上。俄国一些具有反犹色彩的报纸借机大肆渲染，最终掀起大规模集体迫害犹太人的浪潮。上百个城镇的犹太人遭到袭击，造成人员伤亡，财产或被抢、或被毁。俄当局还颁布法令，明文禁止在犹太社区内外兴建新的住宅，并允许当地乡村居民赶走"有罪的犹太人"，限制犹太学生的入学人数。迫害使得约 40% 的犹太人陷入贫困。

种族反犹。20 世纪 30 年代，反犹主义达到顶峰。根据德国纳粹的"种族优越论"，犹太人是劣等民族，即便那些接受同化的犹太人也被视为"种族污染源"，会致使雅利安人"退化"。因此，纳粹认定，解决犹太人问题的根本途径，就是从肉体上消灭这个民族。从1933年至1945年，纳粹屠杀了600多万犹太人，占当时全世界犹太人总人口的1/3以上。犹太人就连作为人类最基本的生存权都被剥夺，面临灭顶之灾。

反犹主义的普遍性、持续性和暴力性等特征使犹太人深受其害，跌入苦难的深渊。然而，愈演愈烈的反犹主义在加重犹太人苦难的同时，也产生了"反作用"，即成为促使犹太人民族意识复苏的"强化剂"，以及加速犹太复国主义诞生的"催化剂"。

"隔都"除发挥对犹太人歧视、使之与主流社会隔绝的作用之外，无形中产生的一个"特异功能"在于，为备受欺凌的犹太人提供了一个相对独立的小天地。犹太人在"隔都"内可实行"自治"，婚丧嫁娶均可按犹太传统习俗进行，且避免了与外族通婚等遭同化的风险。同时，"隔都"中的犹太会堂和学校不仅提供了宗教礼拜场所，而且犹太人还可在此持续学习《希伯来圣经》和《塔木德》等宗教经典，并让后代接受犹太教育，使犹太教信仰和文化得以维持和传承。在"隔都"，犹太人还可以不受干扰地恪守宗教律法，欢庆自己的民族节日，确保民族宗教习俗的延续。因此，"隔都"也在很大程度上成为阻遏同化浪潮的"防波堤"，对犹太人巩固宗教信仰、恪守文化传统起到重要作用。在《希伯来圣经》的论述中，犹太人所经历的一切现世苦难，无论是来自外族、本族还是自然界，其最终根源往往都被归于犹太人自身的罪责，即对上帝的悖逆。在这一理念支撑下，"隔都"中的犹太人在"与世隔绝"的特殊环境中，践行了心灵的升华，即忍受歧视、迫害和苦难，通过坚守宗教信仰和民族文化传统，真心忏悔，期待上帝的救赎。

19世纪末，一位被俄国集体屠杀和驱逐犹太人事件震醒的犹太青年写道："在此之前，我对自己的血统是不感兴趣的。我自认为是俄罗斯忠诚的儿子。对于我来说，俄国就是我存在的理由和我呼吸的空气。俄国科学家每一个新的发现，俄国每一本经典文学作品的问世，俄国的每一个胜利，都使我心中充满自豪。我希望为繁荣我的祖国贡献出自己的全部力量，并真诚地恪尽我的职守。可是，他们突然对我们下了逐客令……"

18世纪以后，欧洲民族主义精神渗入犹太人头脑之中。许多犹太人背离了正统犹太教及其生活方式。还有一些人甚至寄希望于通过改信基督教，力求彻底摒弃自身的"犹太性"，完全融入基督教占主流的现代社会。然而，反犹主义像幽灵一样，仍以各种形式不断出现，在给犹太人带来巨大不幸的同时，也成为唤醒犹太人民族意识的重要因素。一方面，西方世界的排斥和迫害不断促使犹太人更加清醒地意识到自己的民族身份，从根本上动摇了所谓的"祖国意识"，重新树立了对居住地的陌生感和局外感。上述那位俄罗斯犹太青年的内心告白，反映出改信基督教后的犹太人在"希望与失望"之间的痛苦挣扎。

另一方面，在纳粹集中营的焚尸炉冒出呛人浓烟的同时，人们惊奇地发现，成千上万心存幻想的犹太人猛然警醒了。特别是对那些已被同化者而言，大屠杀不仅遏制了他们对自身犹太人身份的持续淡漠，而且迅速沸腾了他们体内的犹太血液，召回了原本即将消失在异族文化中的犹太基因。

大屠杀这一反人类的罪行，不但使犹太人赢得全世界的同情和支持，而且促使犹太人团结一致，高举犹太复国主义旗帜，成为加速推动建立犹太国家大业的一针"强心剂"。

文化锻造国家

德雷福斯是一名在法国出生、完全被同化的犹太人。他在军事学校毕业后入伍，于 1889 年获得上尉军衔，1892 年开始供职于法军总参谋部。1894 年秋，法国特工部门截获了一封没有署名、致德国驻巴黎大使馆武官的信，内容涉及法国的军事秘密。根据笔迹的"某些相似"，具有反犹情结的特工部门领导人亨利认定德雷福斯为嫌疑人并将其逮捕。1894 年 12 月，法庭判处德雷福斯犯有间谍罪，撤销了他的军衔并将之判刑。后来发现的一系列证据证明，德雷福斯是被冤枉、遭陷害的。然而，由于反犹势力的阻挠，直到 1906 年才经过司法部门重新审理，宣判他无罪。这就是在当时号称"最为自由民主"的法国发生的著名的"德雷福斯案件"。这一铁的事实进一步表明，同化不可能成为犹太人免遭反犹主义迫害的保护伞。

犹太复国主义的创始人赫茨尔也曾一度是同化论的坚定倡导者，他认为可以通过接受基督教洗礼和与非犹太人通婚，使犹太人融入当地社会。但"德雷福斯案件"如晴天霹雳，促使他彻底警醒并抛弃了幻想，从而促成了一种形式独特的民族主义——犹太复国主义的孕育和诞生。

18 世纪，犹太人在欧洲获得"解放"。然而，由此带来的获得自由和公民权的希望和喜悦，与同化后仍遭受排挤、无法融入当地社会的失望与痛苦相互交织，使犹太人陷入深深的迷惘。

对此，以赫茨尔为代表的一些具有现代意识的犹太精英们经过深入思考和探索，得出结论，即犹太人问题既不是宗教问题，也不是社会问题，而是民族问题。流散中的犹太人寄人篱下，广受排挤，无法成为一个正常的民族。只有生活在一个自己的国家，才能将犹太人变成一个正常的民族。他们认为，古代犹太人曾在巴勒斯坦建国，但后来这个犹太国家灭亡了。如今若要永久性地解决当代犹太人问题，重建犹太人自己的国家是唯一的出路。这一思想就是后来成为以色列主流意识形态的犹太复国主义。

犹太复国主义的目标，就是在巴勒斯坦建立犹太人的民族家园。在这一强大动力驱使下，世界各地的犹太人纷纷响应犹太复国主义运动的号召，并通过移民巴勒斯坦，以及建立、建设和保卫自己的国家，大大促进了民族认同，加强了民族团结。

1897 年第一次犹太复国主义者代表大会通过《巴塞尔纲领》，提出一系列具体的行动方案：有计划地鼓励犹太人移居巴勒斯坦；开展必要的工作和努力，以得到各国政府的支持；号召各国犹太人根据所在国的法律，联合起来组成紧密的团体。这一纲领标志着犹太复国主义运动开始成为统一的、世界性的政治运动，使全世界犹太人从此有了新的希望和目标。

犹太复国主义的思想传播和具体实践，提升了犹太人的民族意识，提高了民族觉悟，增强了民族凝聚力。正如以色列的国歌《希望》中的歌词所抒发的犹太人心声："两千年来的希望，就是在自己的土地上，做自由的民族。"为实现建国的千年梦想，自由地生活在自己的国土上，早期的犹太复国主义者们不畏艰难，不怕牺牲，前赴后继。在希伯来语中，"阿里亚"意为"上升"，特指犹太人移民以色列。其涵义为，犹太人由流散地回到巴勒斯坦圣地定居后，精神和肉体都得到了"升华"。自 1948 年建国至今，有 330 多万犹太人从世界各地移居以色列，占国家总人口的 1/3 以上。不仅如此，犹太人对自己祖国的热爱，更集中体现在为捍卫民族尊严和保家卫国的斗争中。

马萨达位于死海西边，是耶胡达高地上一座孤立的小山，高

出死海 462 米，山顶是一块平地。公元前 103 年后，犹太人逐渐在山顶建起城堡，山上有水源和粮仓。公元 66 年，犹太人发动了反抗罗马帝国统治的起义，遭到罗马军队的镇压。公元 70 年，在罗马军队攻占耶路撒冷后，犹太起义者退守马萨达堡，被围困三年拒不投降，最后弹尽粮绝，集体自杀。在公元 73 年逾越节的前一天，起义领袖艾勒阿扎尔发表了一段慷慨激昂的演说："我们是最先起来反抗罗马、坚持到最后一刻的人，感谢上帝给了我们这个机会！当我们从容就义时，我们是自由人。让我们的妻子不受蹂躏而死，孩子们不做奴隶而死吧！……我们的死并不是由于缺粮，而是自始至终，我们宁可为自由而死，也不做奴隶而生！"

此后，"马萨达精神"便成为犹太人捍卫民族尊严、不屈不挠品格的象征。每年以色列国防军的入伍新兵都要集结在此，高声喊出"马萨达不会再陷落"的铮铮誓言。

以色列建国后，为保卫这个世界上唯一一个犹太人占主体的国家，犹太青年争先恐后参加以色列国防军作战部队。在战争年代，加入空军、特别是特种部队，是很多年轻人梦寐以求的理想。在四次中东战争中，涌现出无数"勇敢的犹太人"。在国家面临危难之际，他们同仇敌忾共御外敌，表现出不怕牺牲的英雄主义气概。从长期潜伏在叙利亚高层的王牌特工科恩，到1973年"赎罪日"战争中舍生忘死的将士，都是以色列犹太人心目中的英雄。在他们身上，英勇不屈的"马萨达精神"得到充分体现。

在以色列犹太人的潜意识中，还存有由马萨达保卫战衍生出的另一个概念，即"马萨达堡心理"。它后来成为被包围、孤立无援的同义语，深刻地影响着以色列犹太人的安全观。

1981年6月7日，14架以色列战机腾空而起，径直飞向伊拉克，并在一个半小时后抵达位于巴格达郊外的核反应堆工地。在一阵剧烈的爆炸声过后，反应堆的主体建筑被炸成一片废墟。事后，以色列空军司令打电话向总理贝京报告称："个个命中目标，安全返回，无一损失。"贝京只说了一句"感谢上帝"，就睡觉去了。在国际舆论对以色列这一"强盗行径"纷纷谴责的同时，83%的以色列人对这一"典型的以色列式行动"表示赞赏。

历史上遭受排挤、驱逐、屠杀的苦难经历，建国后四面楚歌的险恶处境，使以色列犹太人的危机感并未因建立了强大国家而削减。以色列建国后，将自身视为一个被层层敌对势力包围的"扩大的马萨达堡"，面对的是四个包围圈：第一个包围圈是四个阿拉伯邻国（埃及、约旦、叙利亚和黎巴嫩），对其生存威胁最大、最直接；第二个包围圈是其他阿拉伯国家；第三个包围圈是伊斯兰世界；第四个包围圈则是国际反以、反犹势力。由此，以色列犹太人普遍感到生活在一种被包围的氛围之中。他们当中的任何人都不会忽略这样一个事实，那就是这个世界上唯一的犹太国家除了两面靠海之外，是被阿拉伯国家辽阔疆域所包围的一个狭小的孤岛。那种陷入重重包围圈的"马萨达堡心理"（也称为"围困心态"或"岛民心态"）挥之不去，对以色列犹太人的心理产生了潜移默化的影响。由"马萨达堡心理"及其衍生出的强烈不安全感，决定了以色列安全观的核心，就是"安全至上"和确保"绝对安全"。正如开国总理本—古里安所说的："我无法不通过'安全眼镜'看待所有事物。任何事情只要是安全的，就有一切。但若是不安全的，就一无所有。"

　　在这一安全观的指引下，以色列对安全问题不但非常敏感，而且往往会做出过度反应；对外界的不信任感极强，突出表现为我行我素，不理会国际社会的任何指责；再就是具有强烈的自我依赖感和"自力更生"意识，遇到危难决不会怨天尤人和"等、靠、要"，而是全力以赴只图自救。基于这种独特的个性，以色列人亦被称为"沙漠中的仙人掌"。

综观历次中东战争，以色列坚持奉行先发制人、御敌于国门之外的军事战略。在应对恐怖袭击、大规模杀伤性武器等非传统安全威胁方面，以色列也坚定不移地贯彻着自救方针。

1976年6月27日，一架客机从以色列飞往法国，途中在雅典机场停留时，被劫持到乌干达的恩德培机场。劫机者将机上105名犹太人作为人质，扣押在恩德培机场大厅，要求以色列政府在规定期限内释放在押的40名巴勒斯坦人，否则将处死人质。以色列政府迅速成立了以军方为主的营救小组，并制订了远程奔袭乌干达的营救计划。7月3日晚，经过几千千米、途经若干个敌对国家领空的飞行，以色列派出营救人质的飞机紧随一架英国货机降落在恩德培机场。营救小组迅速冲进机场大厅，在用希伯来语大喊"趴下"的同时，以迅雷不及掩耳之势击毙了劫机者，救出所有在场的人质并安全送回以色列。

这是一个反劫机行动的经典案例。以色列政府通过这一行动向全世界宣示，不会再将犹太人自己的命运交给任何其他人或国家，而是必须、也完全有能力依靠自身的力量确保公民安全。同时，这一行动也再次证明，犹太人不再是流散中孤苦伶仃的被驱逐者和遭迫害者，也不再是纳粹屠刀下任人宰割的羔羊，因为在他们背后有一个强大的国家。

以色列政府在国民身处困难和危险时不离不弃，甘愿冒着巨大风险全力救助的实际行动，是强于任何说教的、爱国主义教育的生动实践。一位被解救的人质对时任以色列总统赫尔佐克说，恩德培行动"使生命面临威胁的犹太人终于明白，祖国和人民日夜都在关注着他们"。她由衷地发出"以色列是一个伟大的国家，我深深地爱着它"的深情表白。

火候不足的熔炉

当代以色列是一个集东方与西方、现代与传统、世俗与宗教于一体的奇特社会，被以色列官方称之为"熔炉"。以色列开国总理本—古里安曾经说过："我们必须把这一堆杂七杂八的东西熔化掉，在复兴民族精神这个模子里重新加以铸造。"然而几十年过去了，这个"熔炉"所产生的功效似乎并不理想。20世纪70年代以后，随着以阿关系缓和，以色列面临的外部安全威胁相对减弱。在国家安全得到基本保障，经济不断发展的环境下，以色列国内的族群、教俗、民族等矛盾日益凸显。犹太人的民族认同感趋于淡化，对国家的认同也面临新的考验。以色列逐渐步入"后犹太复国主义时代"。

1996年，以色列媒体曝出一则丑闻：国家医疗卫生机构——

"红色大卫盾"秘密丢弃埃塞俄比亚裔犹太移民及其后裔所捐的血液,以防止传播和感染乙肝、艾滋病病毒。此事在国内引发了轩然大波,上万名埃塞俄比亚裔犹太人聚集在以色列总理府前示威抗议,并向警察投掷砖头、石块等。警察则使用橡胶子弹、水枪、催泪瓦斯等驱散示威人群。此次冲突造成41名警察和20名示威者受伤,200辆总理府雇员的汽车被损毁。2012年1月18日,5000多名埃塞俄比亚裔犹太人在耶路撒冷举行游行示威活动,抗议以色列社会对其族群的歧视及其在各方面遭受到的不公平待遇。2015年5月初,一名埃塞俄比亚裔士兵遭警察殴打的视频在社交网站传播后,特拉维夫等城市爆发大规模示威活动,抗议以色列警察的歧视和暴力行为。埃塞俄比亚裔示威者与警方发生激烈冲突,导致30人受伤。这一系列事件的发生,实质上折射出在以色列现实社会中,东、西方犹太族群之间难以弥合且日益扩大的裂痕。

约两千年的大流散,导致犹太民族分化为不同的族群。突出表现为,来自不同国家和地区的犹太人,在肤色、外貌、语言和生活习俗等方面显现出极大的差异性。在特拉维夫街头,可以看到形形色色的犹太人:有金发碧眼、皮肤白皙的欧美裔犹太人,有黑头发、黄皮肤的亚洲裔犹太人,还有黑皮肤的埃塞俄比亚裔犹太人。伴随着经济发展,经过几十年的繁衍和人口流动等演变,以色列各犹太族群的经济地位、文化素养以及思想观念等方面的差异不断加大，大致可分成以下三大族群。

一是西方犹太人（亦被称为"阿什肯纳兹人"），近两千年来一直生活在欧美。受地域、气候、水土和生活方式等多方面影响，他们与欧洲其他民族的外貌较为接近，不少人说意第绪语，即一种将希伯来语与德语混合构成的犹太人语言，用希伯来字母书写。

二是东方犹太人，即上千年来一直生活在亚洲和非洲的犹太人。他们的祖先可追溯到公元前586年的"巴比伦之囚"。在被掳往新巴比伦王国的犹太人当中，有相当一部分人没有返回巴勒斯坦，而是留住在当地，并继续保持着犹太教信仰和犹太传统文化。时过境迁，这些犹太人的后代又逐渐分散到伊朗、也门等西亚国家，还有一部分人去了中亚、印度等地。此外，一些犹太人自古就生活在西亚和非洲地区，生活相对稳定，从未迁徙他乡。一些犹太社团生活的地域较为封闭，极少与外界来往，因而保留了一些十分古老的宗教和文化习俗。例如，在伊拉克和也门，一些犹太人使用的语言、词汇和独特的宗教仪式据称已有两千年的历史。到了近代，生活在西亚各国的犹太人大都已不再使用古老的希伯来语，而是讲阿拉伯语或其他当地民族的语言。长期受当地自然环境和气候的影响，以及与当地土著人融合，东方犹太人在外貌上也与当地民族极为相似，有的像阿拉伯人，有的像印度人，还有来自埃塞俄比亚裔黑皮肤的犹太人——他们已与非洲人并无二致。

三是塞法拉迪人。15 世纪，西班牙国王下令将所有拒绝改宗的犹太人赶出国境。据说当时约有 20 万犹太人遭到驱逐，其中只有少数人深入意大利和法国南部，而大多数人则前往北非的摩洛哥、突尼斯等国，还有部分人进入了当时的奥斯曼帝国。这些犹太人的后代便是塞法拉迪人。他们多属正统派犹太教徒，严格遵守律法中的各种规定和传统习俗，包括恪守安息日的有关规定，如禁止点火、熄灯、乘坐公共汽车以及从事各种工作、娱乐活动等。

三大族群的差异表现在社会、经济、生活的方方面面。其一是移民动机有所不同。许多西方犹太人移居以色列，是出于对犹太复国主义的信仰。在建立犹太民族家园的理想主义目标的驱使下，他们宁愿放弃在欧美舒适的生活条件，来到自然环境较差的中东地区，建设和保卫这个世界上唯一的犹太国家。而多数东方犹太人和塞法拉迪人移居以色列则主要出于经济原因，即他们在原来居住的亚非国家生活较为穷困，来以色列可在很大程度上改善生活条件。

其二是社会地位有差距。因早期移民多来自中东欧，西方犹太人在以色列自然成为国家的精英和领导阶层，如历任总理几乎都是东欧移民或具有东欧血统。长期以来，以色列政府、议会、军队、犹太人协会、以色列总工会等权力机构基本上都掌握在西方犹太人手中。东方犹太人和塞法拉迪人的人口虽占多数，但在权力机构的代表却一直较少。另外，三大族群受教育程度差别也很明显，东方犹太人和塞法拉迪人接受高等教育的比例远低于西方犹太人，由此导致就业和收入方面的差距很大。公务员等白领多为西方犹太人，而建筑工、清洁工等蓝领则多为东方犹太人。

其三是文化和理念有差异。作为犹太复国主义先驱和以色列国的缔造者，西方犹太人先入为主，建立了现代、世俗的西方文明体系，并试图对"落后、原始"的东方犹太人和塞法拉迪人进行"教育和改造"。而东方犹太人和塞法拉迪人则极力维护自身的宗教文化传统，普遍认为应在以色列建立一个多元、平等的犹太社会，对西方犹太人要"用一个模具塑造一个西方社会"极为反感和抵触。

种种差异引发的族群之间的摩擦和矛盾不断，东方犹太人和塞法拉迪人对政治上无权、经济上落后、文化上受压制的"二等公民"地位深感不满，曾通过请愿、静坐、示威抗议等方式表达和发泄。20世纪70年代，一些东方犹太青年甚至模仿美国黑人，组建了一个"黑豹党"，在街头挑衅滋事，与政府对抗。

为了缩小族群之间的差别、化解日益加剧的社会矛盾，以色列政府在经济、政治、教育和文化等方面采取了一系列措施，如在经济、教育方面对东方犹太人和塞法拉迪人实施优惠政策，努力在不同程度上保留各族群的文化特性等。然而，社会整合是一项错综复杂、曲折漫长的系统工程，在短期内难以实现。因此，西方文化占主流和主导地位的现状还将在相当长的时期内继续存在。

在奥地利的维也纳，犹太复国主义的创始人赫茨尔有一天在街头偶然看见一位身着犹太教正统派教徒服装的长者正站在一个角落哭泣。他不由得好奇，便上前询问。那位长者边哭边说："今天是安息日啊！我终生的梦想，就是让我的儿子能找到一种有效且有益的谋生方式。可当他在工厂里终于找到了一份这样的工作时，却被告知，如果坚持在安息日不工作，而不是在法定的星期天休息的话，他将不得不放弃这份工作。我该怎么办呢？我该在儿子的前程与我们民族的安息日之间做怎样的选择呢？"赫茨尔听罢不禁为之动容，并下决心要为自己的同胞排解这种无所适从的痛苦。他以为只要建立犹太人自己的国家，诸如此类的问题就可迎刃而解。然而，他哪里知道，现如今在已成立几十年的以色列国，仍面临着"安息日的困惑"，折射出现代生活中难以调和的世俗与宗教之间的矛盾和冲突。

在现今的以色列，约20%的犹太人严守宗教戒律，约30%的犹太人根据个人意愿和依照民族传统遵守某些戒律，不遵守教规的世俗犹太人约占50%。这和当年教族完全合一的情况已有所不同。按照犹太复国主义鼻祖赫茨尔的设想，以色列国应是一个政教分离的世俗国家。他在《犹太国》中写道："我们将要把我们的教士保持在神殿之中，就像我们将要把我们的职业军队保持在军营之中一样……他们都不得干预授予他们荣誉的国家的行政管理事务，否则他们将会给内外都带来麻烦。"然而，赫茨尔的担忧被不幸言中。以色列建国后，正统派犹太教徒人数的比例一直较为稳定，犹太教已处于事实上的"国教"地位。以色列的政治和社会生活等领域受到宗教力量的严重干预。造成这一局面的主要原因是：以色列的民主体制，特别是议会选举采取的比例代表制，给犹太宗教势力提供了成为政治力量的机会，以及超出其实际力量的发言权。其结果是，犹太教的政治代表——宗教政党可凭借在政府中的特殊地位，对内外政策施加影响。

在以色列，正统派犹太教徒和部分处于社会下层的东方犹太人及塞法拉迪人是宗教政党的忠实选民，其数量及投票倾向都相对稳定。所以在每次选举中，宗教政党都能在议会中获得相当数量的席位，从而成为以色列政坛上一支较为稳定的政治力量。

根据以色列《基本法·议会》，任何一个政党只要能够获得议会（120 席）50% 以上的席位，就可组建政府。以色列的基本政治格局是：议会议席分布过于分散，无一政党有能力单独组阁，因而必须争取其他小党的支持，组成多党联合政府。由于宗教政党的政治、经济、宗教纲领及在议会所占席位都相对稳定，其政治要求较之其他世俗政党也容易满足，以色列历届政府一般都愿意吸纳宗教政党。加之近年来宗教政党的势力不断上升，使其有能力也有机会直接干预政治，特别是在各股力量势均力敌、相持不下之时，往往起到"四两拨千斤"的特殊作用。

以色列宗教政党与政府及其他党派争执的焦点，大多是为了争取本党及选民的利益。如沙斯党因其经营的宗教学校经费不足，极力争取增加教育拨款。围绕宗教问题的争执往往造成政局不稳。据统计，在1949—1979年的30年间，以色列总共发生了106次内阁危机。其中因宗教问题引发的危机就有35次，几乎占了危机总数的1/3。

围绕宗教问题进行的斗争甚至可直接导致政府倒台。1976年底的一个星期五下午，时任总理拉宾在某空军基地主持仪式，迎接一批来自美国的新型美式战斗机。因恰逢太阳落山进入安息日，宗教政党遂以"亵渎安息日"为由，在议会对政府提出不信任案，结果竟然迫使拉宾政府辞职。由此可以看出，宗教政党在以色列政治生活中的作用绝不可小觑。

在社会生活领域，围绕正统派犹太教人士工作和服兵役以及安息日等问题，宗教势力与世俗力量的矛盾十分突出。在以色列，服兵役是全体公民的义务，凡年满18岁的适龄男女青年均须在以色列国防军服役2—3年。然而长期以来，极端正统派犹太教徒既不参加工作，也拒绝服兵役，因而被世俗力量视为完全依赖纳税人的钱生活的"寄生虫"，招致社会各界普遍不满。以色列政府曾试图通过立法等手段取消正统派犹太教徒免服兵役的

＜ 以色列正统派犹太教教徒在第二圣殿遗址——西墙前祈祷

特权，但屡遭强烈抵制。2014 年 3 月 2 日，为抗议即将提交以色列议会投票表决的《宗教学校学生征兵法》，数十万极端正统派教徒走上耶路撒冷街头示威抗议，造成了城市主干道的交通严重堵塞。

2017 年 5 月 7 日，以色列议会表决通过了《基本法：以色列—犹太人的民族国家》（简称《犹太国家法案》），其中两条重要规定为：以色列国是犹太人民的民族家园，只有犹太人拥有行使民族自决的权利；以色列国语为希伯来语，阿拉伯语具有特殊地位。该法案在以色列国内掀起轩然大波。

该法案首次以立法形式，确定了以色列国具有"犹太属性"，这就意味着在以色列《独立宣言》中确立的国家的民主性质将受到损害。自建国以来，阿拉伯语一直是以色列的官方语言之一，并与希伯来语同为议会用语。而法案明确将阿拉伯语降格为"具有特殊地位"的语言，带有明显的歧视色彩。该法案遭到以色列籍阿拉伯人强烈反对，被斥为"唯一目标就是让主体民族对少数民族实施专政，并从法律上将阿拉伯人变为二等公民"。

该法案的公布及其引发的反响，反映出以色列国内根深蒂固的民族矛盾。生活在以色列境内、拥有以色列国籍的阿拉伯人，是以色列社会中一个极为特殊的群体。1948 年以色列建国后，第一次中东战争爆发，原居住在巴勒斯坦的大批阿拉伯人纷纷逃离家园，流落他乡。但同时也有一些人留了下来。在 1949 年第

一次中东战争结束时，以色列境内原有的 75 万阿拉伯人只剩下
15.6 万，占当时以色列总人口的 11%。他们后来都获得了以色
列国籍。如今，以色列籍阿拉伯人口已达 190 多万，约占以色列
人口总数的 21%。

作为以色列国内的少数民族，以色列籍阿拉伯人的经济、社
会和政治地位受到种种限制。在经济上，以色列政府坚持奉行以
发展犹太人经济为主的方针，对阿拉伯人采取歧视政策，主要体
现为：根据国家安全需要随意没收或征用阿拉伯人的土地；在市
政建设、基础设施投资等方面，均向犹太人聚居的城镇倾斜。由
于土地被没收，阿拉伯人不得不为犹太人打工，主要从事建筑
业、服务业等"低级行业"。此外，以色列政府还对阿拉伯人采
取分而治之的政策，将他们统称为"非犹太人"，按宗教信仰或
地域加以区分。以色列法律规定，任何公民都必须服兵役才能享
受社会福利等经济权利，而以色列籍阿拉伯人没有参军的权利，
因此也就无法在就业、升学、医疗保险、社会保障等方面得到平
等的待遇。

在社会生活方面，由于阿、犹两个民族在宗教、语言、风俗
习惯、心理、历史等方面的差异，以色列籍阿拉伯人往往生活在
自己的小圈子里。他们拥有自己的聚居区、学校、商业服务体系
和宗教机构，基本上仍保持着本民族传统的生活方式。他们白天
到犹太人那里去做工，晚上又回到自己的世界，说阿拉伯语，做

礼拜，过伊斯兰教的节日，收听阿拉伯邻国的广播或收看以色列电视台的阿语节目。另外，由于以阿双方长期对抗，犹太人与以色列籍阿拉伯人之间还彼此保持着强烈的戒备之心。以色列政府甚至将他们视为对以色列安全构成潜在威胁的"第五纵队"，长期对阿拉伯人的聚居区、清真寺等进行"特殊管制"，限制他们的行动自由。

在政治方面，以色列籍阿拉伯人作为以色列国的公民，拥有选举权。根据以色列的比例代表制，占以色列总人口 1/5 强的阿拉伯人应在议会中拥有 20 多个席位，但实际席位根本达不到。究其原因：一是阿拉伯人长期以来虽安分守己，但在政治、社会和经济等各方面仍难获平等对待，因而许多人对参政有一种抵触情绪；二是阿拉伯人的选票分散，使许多小党无法进入议会；三是阿拉伯政党从未有机会加入联合政府。因此，阿拉伯人的政治影响力十分有限。

20 世纪末和 21 世纪初期，以色列籍阿拉伯人对以色列政治生活，特别是选举的影响有所上升，他们的选票甚至曾经一度成为工党能否上台的关键因素。1996 年 4 月，佩雷斯领导的工党政府迫于竞选压力，大规模轰炸黎巴嫩并造成大量平民伤亡。很多被激怒的以色列籍阿拉伯人拒绝投票，致使佩雷斯在当年 6 月的大选中以微弱的劣势落败。在 1999 年总理直选中，因得到95.8% 的阿拉伯裔选民投票支持，时任工党领袖巴拉克以绝对优势获胜。

2017 年《犹太国家法案》的出台，对以色列籍阿拉伯人形成强烈冲击，促使他们"抱团取暖"，以提高自身政治地位。在 2019 年 4 月到 2020 年 3 月的连续三次议会选举中，阿拉伯政党均联合参选，并借助阿拉伯裔选民的高投票率，一跃成为议会第三大党，大大提升了其在以色列政坛的地位，增加了参政的筹码，从而引起了以色列右翼势力的恐慌。右翼阵营领导人、总理内塔尼亚胡一再向其竞选对手蓝白党领导人甘茨发出警告，告诫其绝不能与阿拉伯党派联合组阁，否则将成为一个"恐怖分子的政府"。

犹太民族在历经千年流散的重重磨难后，又通过一个多世纪的奋斗，终于实现了复国的梦想，并已经将以色列建设成为一个不容小觑的地区强国。然而，以色列"外患"尚未消除，"内忧"却日益增长的现实表明，实现国家安全、社会稳定、民族复兴的征途尚且遥远。

2017 年，英国牛津大学出版了一本书，题为《以色列还能生存多久？——来自内部的威胁》。书中详细描述了当今以色列日趋严重的种种社会矛盾，并引用了以色列情报机构摩萨德前任局长帕尔多发出的"以色列面临内战风险"的警告。这一警告尽管有些"危言耸听"，但昭示出犹太民族在早期反犹主义逼迫下，不但免于被同化和走向消亡，而且使民族凝聚力得以加强的历史发展轨迹和看似"悖论"的历史规律，同时暗示着以色列国虽不会被强大的外部敌人所征服，却有可能因"兄弟阋墙"——内部矛盾不断加剧而最终走向分裂的危险道路，为犹太人敲响了警钟。

参 考 文 献

1　徐新、凌继尧主编:《犹太百科全书》,上海人民出版社 1998 年版。

2　[奥] 西奥多·赫茨尔著,肖宪译:《犹太国》,商务印书馆 1993 年版。

3　杨曼苏主编:《以色列——迷一般的国家》,世界知识出版社 1992 年版。

4　卓新平:《宗教理解》,社会科学文献出版社 1999 年版。

5　潘光、陈超南、余建华:《犹太文明》,中国社会科学出版社 1999 年版。

6　任继愈主编:《宗教词典》,上海辞书出版社,1985 年版。

7　《圣经》,中国基督教三自爱国运动委员会,中国基督教协会 2002 年出版发行。

8　[以] 阿巴·埃班著,阎瑞松译:《犹太史》,中国社会科学出版社 1992 年版。

9　[美] 理查德·尼克松著,尤勰等译:《领导者》,世界知识出版社 1983 年版。

10　徐向群、余崇健主编:《第三圣殿——以色列的崛起》,上海远东出版社 1994 年版。

11　[美] 凯马尔·H. 卡尔帕特编,陈和丰等译:《当代中东的政治和社会思潮》,中国社会科学出版社 1992 年版。

12　刘洪一:《犹太精神》,南京大学出版社 1995 年版。

13　杨灏城、朱克柔主编:《当代中东热点问题的历史探索——宗教与世俗》,人民出版社 2000 年版。

14　张倩红:《困顿与再生——犹太文化的现代化》,江苏人民出版社 2003 年版。

15　阎瑞松主编:《以色列政治》,西北大学出版社 1995 年版。

16　[美] 纳达夫·萨弗兰著,北京大学历史系翻译小组译:《以色列的历史和概况》,北京人民出版社 1973 年版。

17 徐向群:《沙漠中的仙人掌——犹太素描》,新华出版社 1998 年版。

18 徐新:《反犹主义解析》,上海三联书店 1996 年版。

19 [美]亚伯拉罕·柯恩著,盖逊译:《大众塔木德》,山东大学出版社 1998 年版。

20 [以]哈伊姆·赫尔佐克著,范雨臣、范世蕾译:《勇敢的犹太人》,中国社会科学出版社 1995 年版。

21 GREGG CARLSTROM, "How Long Will Israel Survive?—The Threat From Within,"OXFORD University Press, 2017.

22 NETA OREN, "Israel's National Identity—The Changing Ethos of Conflict," Lynne Rienner Publishers, Inc. USA, 2019.

23 顾骏:《不可思议的犹太人》,桢德图书事业有限公司 2017 年版。

24 肖宪:《以色列史话》,中国书籍出版社 2016 年版。

7

第七章

传承与自新：国盛民强的文化基因

　　清代著名学者龚自珍说过："欲要亡其国，必先亡其史；欲灭其族，必先灭其文化。"文化是一个国家、一个民族的灵魂，在其治乱兴衰中起着根本的作用。文化强则国强，文化弱则国弱，文化灭则国亡。文化的延续是国家和民族存在、延续和发展的基础，这种延续不是机械的、静止的，而是伴随着自身的变革和更新。在人类历史的漫漫长河中，所有故步自封、一成不变的文化最终都折戟沉沙，成了考古遗迹或是博物馆中沉默的摆设。而中国文化以其能不断推陈出新、兼容并蓄，不但保留了自己独特的民族性，而且紧跟着时代的脉搏跳动，持续为国家、民族的发展和安全提供着强有力的支撑。

　　中国无论是作为历史悠久的文明古国，还是作为现代化的多民族国家，其文化内核一脉相承；文化强大的延续和自新能力，正是中华民族屡经风霜而未摧折、屡历磨难而未衰亡、屡受冲击而未离散的根本原因，也是历代华夏儿女传薪继火、前仆后继，追求国家长治久安的内在动力。

源远流长的中华文脉

中国是世界四大文明古国之一，中华文化是世界历史上唯一延续 5000 多年未曾中断的文化。在其他文明古国中，巴比伦早在公元前 16 世纪便已烟消云散，如今只留下两河流域黄沙漫天、战火连绵；埃及作为国家的名称虽然还存在，但领土自 3000 多年前就先后被亚述人、波斯人、马其顿人、罗马人、阿拉伯人、奥斯曼土耳其人和欧洲人占领，其原住民和语言文字也在外来文化的不断冲击下消亡，古代埃及流传下来的石碑字刻都成了需要破译才能猜出大概的"天书"；古印度、古希腊、古罗马等莫不如此，曾经显赫一时的国家都被历史的车轮碾作了尘埃，其文化或凋零衰落，或改头换面，或戛然而止。唯有中国文化以其同一性和延续性闻名于世：海内外华人年年举办祭祖大典，祭祀的是 4000 多年前华夏部落的首领黄帝和炎帝；湖北省云梦县睡虎地秦墓出土的竹简距今 2000 多年，记录的书写文字与现代汉字只有细微的差别；1000 多年前唐朝人写的诗、宋朝人作的词，现在也还时时被人们吟诵，来表达平常生活中的喜悦和伤感；夏商周时代就已出现的农历和干支纪年法至今还在使用；春节、清明、端午、中秋的节日习俗，民间婚、丧、嫁、娶的仪式和传统，千百年来代代相传，成为中国人在繁忙拥挤的地球村里寻找"同乡"的暗语。

文化一脉相承、绵延不绝，正是中华民族数千年来"形聚神不散"的根源。从三皇五帝到周天子立国，从春秋战乱到秦始皇一统天下，从两汉到隋、唐，从宋、元、明、清到现在的中华人民共和国，国家的形态发生过变化，制度经历过革新，政权有延续也有更迭，社会的生产组织形式从传统过渡到现代，但"中国"作为一个文化共同体却从来没有消失，而是在"中心"与"边缘"的不断碰撞与融合中发展壮大。在这个共同体基础上形成的国族认同、身份认同和历史认同既清晰又稳定，成为我们现在所说的"国家安全"的核心内容之一。

文化消亡对于一个国家和民族来说是最大的安全危机。古人曾经区分过朝代灭亡和文化灭亡的差别，认为朝代更替只是"易姓改号"而已，是一个统治集团替换另一个统治集团，不会动摇"天下根本"；而文化灭亡则是价值观和制度体系的崩塌，会导致道德沦丧、秩序混乱，人们失去行为准则，引发持续的动荡纷争，人同鬼蜮，国将不国。纵观历史，也往往是在代表着不同文化的"外族"威胁到中华文化正统性和核心地位的时候，会引发最激烈、最普遍和最持久的反抗。宋灭于元，明亡于清，以汉民族为主体的华夏族与其他新兴少数民族的朝代交替，都曾引发

过中原地区民众对于"亡国灭种"的恐惧。尤其清军入关，摄政王多尔衮为了方便区分顺从者和反抗者，发布"剃发令"，要求汉民改换衣冠。这被汉民视为要"颠覆华夏""断绝文脉"，遂激起了社会各阶层的全面反抗。文化昌茂的江南之地甚至喊出"头可断，发不可剃"的口号，来对抗清军"留发不留头，留头不留发"的政策。一些原本不满明末社会黑暗、准备投降清军的人立即改弦易辙，已经归附的州县百姓也纷纷揭竿而起、树帜反清，大规模武装斗争几乎燃遍全国。清军对此进行了残酷镇压，制造了"嘉定三屠""扬州十日"等惨案，然而这并没能压制住民间的愤怒。直到清政府权力逐渐巩固，开始学习华夏制度、使用华夏文字，全面"汉化"，才逐渐被接纳为"中原王朝"的继承者和延续者，关于"衣冠服发"的矛盾才缓慢地平息下去。

除了来自外部的威胁和冲击，文化自身发展失衡，也会导致其先进性丧失，进而危害到国家安全的根基。文化之"文"，并非单指人文艺术、典籍歌赋，也包括生产方式、发明创造，以及政治、军事、社会管理等各项制度。制度文化、物质文化和丰富多彩的精神文化一起，构成了文化的全部内涵。当这三方面均衡发展、相互促进时，文化便会倾向于开放和自信，保持上升的势头。若其中任何一方面被忽视，或是发展明显落后于其他方面，就会使文化逐渐走向封闭、狭隘和自大，进而有停滞的风险。如果把文化比作"鼎"，那么物质、制度和精神就是鼎的三只足，三足长短不一就容易倾覆。清末，中国逐渐落后于西方，在被迫"开眼看世界"的过程中又不断发现本土文化的保守和"不合时宜"。这并非由于东西方文化本身有优劣高下之分，而是因为当时西方文化正处在均衡发展的上升期，中华文化则因发展失衡而处在相对停滞的阶段。

这种失衡集中表现为重人伦而轻技艺、重理义而轻科技，过分自得于精神文化的先进，贬低物质文化的重要性，轻视生产技术的变革，忽视了社会制度的因循和僵化。1792年马戛尔尼率领英国使团访华，精心挑选了能展示大英帝国国力的各种礼物：既包括代表着当时全球先进生产力水平的蒸汽机、绵纺机、梳理机、织布机，也有代表着从冷兵器时代迈进热兵器时代的榴弹炮、迫击炮、卡宾枪、连发手枪等。使团本来是想炫耀一番，从而实现与中国开埠通商的愿望。但令他们大失所望的是，清朝上下，从皇帝到官员对这些东西都不感兴趣，将它们视为无用的"奇技淫巧"，甚至委婉地暗示：正因为你们英国是"蛮夷小邦"，所以才会舍本逐末，认为这些器物有特殊的价值。至于英国人带来的模拟天体运行的精密仪器、标记大航海路线的最新的地球仪等器物，则干脆被放进圆明园的"西洋馆"内，成为乾隆皇帝收藏的"玩具"。马戛尔尼不甘心无功而返，还想做最后的努力，遂邀请大将军福康安观赏欧洲火枪队表演，希望他作为专业的军人能够认识到这种新式武器的威力和划时代的重要性。但福康安却表示看不看都无所谓，"想来也没什么稀罕"。这次访华的经历，彻底击碎了马戛尔尼此前有关中国"强盛、繁荣"的印象。而英国使团成员回国后陆续发表的各种见闻录，也使欧洲持续了近两个世纪的"中国热"骤然降温。英国的政治家和民众都开始意识到：赞美中国彬彬有礼的儒家文化和成熟的政治经验固然不算是偏离事实，但除此之外，中国还有着明显落后于时代的物质和制度文化。这种强烈的反差使当时的大清帝国在英国乃至欧洲人眼中成了"一艘破烂不堪的头等战舰"，虽然体量惊人、骨架未倒，但是只要稍稍打击便会沉没。

遗憾的是，清政府自己并没有及时看到文化发展失衡带来的危险。此后，在连续经历了两次鸦片战争的沉重打击之后，清政府才痛下决心搞"洋务运动"，认真学习此前颇看不上眼的"奇技淫巧"和"匠器之道"；又斥巨资购买战舰、组建了规模宏大的北洋水师，号称"亚洲一流"，不料却在甲午海战中惨败于日本之手，全军覆没，此时清政府才进一步认识到只有物质文化却没有配套的制度文化，同样只能痛苦地跛足前行。

19世纪末20世纪初的那个千年之交，可谓是中华民族和中华文化的"至暗时刻"。中国经历着"三千年未有之大变局"，"天朝上国"的自信跌落谷底，内忧与外患交相逼迫，华夏神州"风雨如晦，鸡鸣不已"。然而越是在这样的时刻，文化的韧性和自新能力就越是凸显出来，文化上的反思和觉醒，成为捍卫国家安全、推动国家耻而后勇、奋起追赶的先声。

清末以张之洞为代表的洋务派大臣提出"中学为体，西学为用"的观点，在不抛弃、不否定中华文化道德人伦体系的前提下，承认西方政事法度之美和实业技术之精，认为要想自救、自强，必须学习西方的制度和社会组织方式，变法革新。民国时期，"新文化运动"兴起，进一步拓宽了文化变革的思路和方法，呼吁抛弃数千年文化传统中与时代发展不相适应的糟粕，冲破同儒家思想过度捆绑的封建专制制度，宣扬民主和科学，提倡新道德和新文学。俄国十月革命一声炮响，把马克思主义送入中国，源于欧洲的政治和社会学理论开始与中国社会救亡图存的实践相结合。这些变革文化与社会的努力，或有成功，或有失败，或受支持，或遭阻挠，但无一例外地均服务于中华民族的自强与发展，在中华文化遭遇危机的关键时刻一步步地艰难探索，最终开辟出调整、适应与革新的道路。

这种自剖痈疽的变革勇气、取长补短的学习能力、取他山之石以攻玉的开放心态，正是中华文化能够不断蜕变而不至困死、能够不断丰富而不至枯竭的根本原因；而文化的延续与自我革新，则是我们国家和民族百折不挠、绵延不绝的秘诀。

天安门广场上矗立着庄严肃穆的人民英雄纪念碑，鎏金的大字碑文写着："由此上溯到一千八百四十年，从那时起，为了反对内外敌人，争取民族独立和人民自由幸福，在历次斗争中牺牲的人民英雄们永垂不朽！"一千八百四十年，这不仅是近代中华民族陷于危机的起点，也是中国文化与社会开始自新变革的起点。从那时起，传统文化被赋予现代精神，吸纳了新的理念和现实，在民族复兴的大业中持续发挥着凝聚共识、动员民众和引导方向的作用。

家国情怀

无锡东林书院的依庸堂内，挂着明代学者顾宪成撰写的一副名联："风声雨声读书声，声声入耳；家事国事天下事，事事关心"。相传顾宪成幼年时家境贫寒，常去邻家借书，有一次偶然遇到从京城返乡的大儒。大儒感慨他勤奋刻苦，也有意试试他的才华，便出了这个上联考他。顾宪成不假思索脱口而出的下联，不仅对仗工整，而且格局宏大，小小年纪就展现出胸怀天下、为国分忧的远大抱负，令十里八乡的乡亲刮目相看。这副对联也被广为传颂，成为后世众多读书人的座右铭，激励着一代又一代热血志士。

"家事国事天下事"是中华文化中"家国情怀"最直观的表述。在中国人的观念中，国就是放大的家，家就是缩小的国，国和家不可分割。每个个体作为家庭成员，天然承担着保障家族传承和兴盛的义务；作为社会成员，也自觉地对国家的安全和发展负有责任。这是由朴素的人际规范逐渐演化而来的社会规范和道德规范，最早起源于西周"家国同构"的宗法制度。周天子按照宗族血缘的亲疏远近分封诸侯，诸侯再依次向下分封卿大夫和士，把宗族关系扩大为同心圆式的政治组织形式，通过宗族认同培育政治认同；周礼强调"尊尊""亲亲"，即个人依照所属的等级地位和亲疏远近关系，享有不同的权利、承担特定的义务。

　　秦、汉之后，郡县制取代了分封制，官僚制取代了贵族制，但宗法制度却没有消亡，反而被儒家学说进一步发展成"君臣父子"的伦理规范，升华为"家国天下"的精神信念和道德追求。儒家提倡"事君以忠，事亲以孝，事兄以悌，事友以信"，忠、孝、悌、信是做人的基本准则，也是积极入世的基础。从纵向上看，履行家庭义务是履行社会责任的起点，正所谓"一室之不治，何以天下国为？"进而承担对国家和社会责任，则是人生境界的提升，所以孟子说"穷则独善其身，达则兼济天下"。从横向上看，责任包括却又不限于以血缘划分的家族，而是以己推人、由近及远，"老吾老以及人之老，幼吾幼以及人之幼"，"不独亲其亲，不独子其子"，进而实现天下的统一、和谐和善治。这种横向和纵向上的拓展，使得个人、家庭、社会、国家紧密联系在一起，成为不可分割的整体，也构成了中华民族独特的身份认同和价值追求的根基。

即使封建王朝时代结束，制度化的儒家解体，社会形态发生了翻天覆地的变化，这种家国情怀仍然作为文化基因传承下来，沉淀为稳定的社会共识，并且表现出与西方文化强调个人与国家泾渭分明、甚至割裂对立的传统截然不同的特征。

从本质上说，家国一体的情怀是一种"以天下苍生为己任"的担当意识，读书人将其奉为道德圭臬。北宋著名文学家范仲淹在《岳阳楼记》中写下过"先天下之忧而忧，后天下之乐而乐"，垂范千古。同时代的理学家、教育家程颐在洛阳讲学时，也主张"学者不可不道世务"，认为天下的事和家庭的事一样，总要有人去做，自己若是逃避责任就会给别人增加负担。士人尤其要把读圣贤书和躬身入世相结合，积极地为百姓谋福利、为国家社稷分忧，以符合圣贤的教导。这种道德追求并不因个人身份、地位的高低贵贱而有差别。南宋诗人陆游淳熙三年（公元 1176 年）因得罪权贵被免去官职，病居在成都郊外，仕途和人生都陷入低谷，但仍以"鞠躬尽瘁、死而后已"的蜀汉丞相诸葛亮作为榜样自勉，写下"位卑未敢忘忧国"的名句。此后陆游数次出仕，又数次遭贬，最后以布衣终老，临终仍念念不忘国家统一大业，叮嘱子孙"王师北定中原日，家祭无忘告乃翁"。明末清初，学者顾炎武身历乱世，目睹外族肆掠中原、生灵涂炭，疾呼当务之急是探索"国家治乱之源，生民根本之计"，提出"保天下者，匹夫之贱与有责焉"，并进一步解释说，天下并非一家一姓之王朝，天下的根本是百姓的生存和民族文化的延续，认为"拯斯人于涂炭，为万世开太平，此吾辈之任也"。清末民初，梁启超痛心于国家孱弱、内忧外侮，进一步将顾炎武的主张发展为"天下兴亡，匹夫有责"，呼吁以"我辈之自新"谋求中华的振兴。

从实践上看，家国一体使得个人发展诉求与社会进步诉求达成统一，国家长治久安成为个人价值的最高实现形式。儒家经典著作《大学》中说："古之欲明明德于天下者，先治其国；欲治其国者，先齐其家；欲齐其家者，先修其身；欲修其身者，先正其心；欲正其心者，先诚其意；欲诚其意者，先致其知；致知在格物。物格而后知至；知至而后意诚；意诚而后心正；心正而后身修；身修而后家齐；家齐而后国治；国治而后天下平。"修身、齐家、治国、平天下，不仅是现实生活空间和领域的不断扩大，也是人生境界的累进与升华，最终要通过个人对家国天下的贡献达到"止于至善"的理想境地。北宋大儒张载一生都主张"实学"，强调经世致用，在修、齐、治、平的基础上进一步提出，士大夫的使命在于"为天地立心、为生民立命、为往圣继绝学、

为万世开太平"，这不仅在当时获得了社会广泛的认同，更是被后世读书人奉为最高的人生理想并努力践行。事实上，在为国为民的大业中实现人生价值，并非文人士子的"专利"，而是所有中华儿女心中最朴素的情感和共识。从南宋末年文天祥的"人生自古谁无死，留取丹心照汗青"，到近代革命烈士赵博生的"我死国生，我死犹荣，身虽死而精神长生"；从官居高位的林则徐疾书"苟利国家生死以，岂因祸福避趋之"，到人民的好战士雷锋在日记里写下"把有限的生命，投入到无限的为人民服务中去"，其背后的理想信念莫不一脉相承。

更重要的是，在"家国天下"的价值体系中，国与家有着明明白白的主从次序：国先于家，家服从国。在国家面临灾难、社会遭遇危机、个人忠孝难以两全的时候，中国人往往会做出舍家为国的选择，迸发出牺牲小我、成就大我的崇高精神。正是这种文化自觉，使得中华民族每每在危难之际都能够迅速动员社会各个阶层，凝聚全部资源应对外来威胁。也正是这种价值取向，使得看似松散平和的中国社会，在遭遇危机时能显露出惊人的韧性和团结的力量。汉代中原政权受匈奴威胁，霍去病立志保境安民，发出"匈奴不灭，何以家为"的慷慨之声。北宋经靖康之耻而灭亡，宋室南迁偏安，岳飞有心投军杀敌，又恐老母年迈无人供养，踟蹰两难。而岳母深明大义，亲手在他背上刺下"尽忠报国"[1]四个字，勉励他以国家社稷、天下苍生为重，不要顾念小家。清末中日海战，邓世昌所率战舰被敌人击中，他放弃了逃生的机会，与同舰官兵200多人一起壮烈殉国，认为"虽死，而海军声威弗替，此所以报国也"，是死得其所。晚清以后，国家内有军阀割据混战，外有西方帝国列强蚕食，近邻日本又发起全面侵华战争，"中华民族到了最危险的时刻"，无数仁人志士为救亡图存，抛妻别子、毁家纾难，感人事迹比比皆是。革命先驱林觉民捐躯赴国难，饱含深情地写下《与妻书》，叮嘱妻子"于啼泣之余，亦以天下人为念"，恳请妻子谅解、支持他牺牲小家的幸福为天下人谋永福的选择。抗战将领蔡炳炎在家书中宽慰双亲："国将不保，家亦焉能存在"，道出时代万千儿女的泣血心声。在抗日战争最艰难的时候，东南亚各国3200多名风华正茂的华侨放弃了相对和平优裕的生活，战斗在被称作"死亡公路""抗战生命线"的缅甸公路上，为运输抗战军需物资的车辆保驾护航，有1800余人为此献出了生命。他们不是军人，只是普普通通的机电工、修理工、司机、建筑工，却用自己的血肉之躯浇筑出民族的丰碑。

社会对于这种舍生取义、舍小家为大家的行为往往给予高度

---

[1] 后世话本小说传为"精忠报国"。按《宋史·何铸传》记载："逮飞系大理狱，先命铸鞫之。铸引飞至庭，诘其反状，飞裂裳以示之背，背有旧涅'尽忠报国'四个大字，深入肤理。既而阅实俱无验，铸察其冤。"

正面反馈，自发地将其树为道德楷模并世代传颂。不管是名学宿儒，还是村野小儿，只要是为国家、为公义、为人民做出过贡献和牺牲，都会在史书上被褒扬、在生活中被敬仰。全国各地的忠烈祠、义士祠多不胜数，地方志中也会辟出专门章节来记录当地的贤达事迹。平凡如放牛郎王二小，他与日本侵略者巧妙周旋、牺牲自己掩护乡亲转移的事迹也都被人铭记、编成歌谣，口口相传至今。相反，对于那些置民族大义和国家利益于不顾，贪生怕死或是眼中只有一己私利的人，则往往会被视为"软骨头"、背叛者，被长久地钉在历史的耻辱柱上。这种道德和价值导向在杭州西子湖畔的岳庙中得到了最直观地展现：尽忠报国的岳飞被民间尊称为"岳王"，端坐大殿之上；暗通敌国、构陷岳飞入狱的秦桧等人，则被铸成跪像，放置在岳飞墓前，长久地遭受后人批判和唾弃。直到清代乾隆年间，新科状元秦大士与友人同游岳庙，友人还戏谑他是"秦桧后裔"，让他去给岳王磕头赔罪。秦大士不得已在庙里写下一副对联："人从宋后羞名桧，我到坟前愧姓秦"，算是为自己辩白。

知识分子的道德追求和普罗大众的正向反馈形成了良性互动，使得家国一体的观念、有国才有家的共识、"天下兴亡匹夫有责"的使命感以及为国为民的精神追求，随着历史的发展而日益深入人心，成为凝聚中国社会的"黏合剂"，也成为捍卫国家安全的"看不见的长城"和牢固的心理防线。

天然的多民族国家

"华"是中国的代称。中国又叫中华，中国人被叫做"华人"，中国字被称作"华文"，中原大地是"华夏神州"。像这种国家和民族有别称的情况，在世界上并不少见，比如伊朗又被称作"波斯"、日本自称为"大和民族"等。但不同的是，不管是"波斯"还是"大和"，都天然带有种族的、血缘的含义；而"华""华夏"则是一个独特的文化概念。

《尚书》中说，"冕服采章曰华，大国曰夏"。所谓冕服采章，是指按照礼仪规范制作的衣裳和上面精美的花纹，代表着先进的生产力和完备的制度，是文化优越的体现；华夏，也就是"文明大国"的意思。

华夏本身并不是一个单一的族群，而是多个部落组成的中原核心文明圈。与之对应的，是生活在核心文明圈周围的少数民族，被中国人称为夷、戎、蛮、狄。这些词，最早并没有歧视的色彩，而是直观地描述了这些族群的生活和生产方式：他们或是狩猎民族，随身带着弓箭（夷）；或是游牧民族，与牧羊犬和牛羊同行同居（狄、戎）；或是与中原地区语言不通，口音纷乱复杂却无文字（蛮）。他们很少吃烤熟的肉（不火食），不会种植粮食作物（不粒食），"披发左衽，断发文身，父子无别，同室而居"，在物质文化和精神文化方面都明显落后于中原地区。追本溯源，华夏与夷、戎、蛮、狄的区别不在于种族，而在于所习用的文化。华夏民族的自我认同，也不依赖于血缘，而是根植于文化认同和制度共享。

华夏民族形成于夏、商，兴盛于周，在春秋战国时期经历了"礼崩乐坏"的第一次文化危机。中原各国（也就是"诸夏"、华夏诸国）交相混战，周边部族趁乱劫掠，夷狄逐渐侵入核心文明圈，造成"南夷与北狄交，中国不绝若线"的局面。这个"不绝若线"就是细如风中游丝，到了崩溃的边缘。这一时期，尚处于幼年阶段的华夏文化和当时相对先进的农耕生活方式遭受到前所未有的威胁。为了维护核心文化的地位、重建政治秩序、恢复"诸夏"之间的团结，以孔子为代表的儒家学派提出了"华夷之辨"，突出强调华夏民族与周边部族之间的文化差异，但是也认为华夏与夷狄之间是相交相融、可以相互转化的，即所谓"夷狄入中国，则中国之；中国入夷狄，则夷狄之"，意思是只要夷狄接受了先进文化，就会成为华夏民族的一部分；而华夏各国若是放弃礼仪制度，则会转化为夷狄。

　　春秋时代的吴国是与周王室同宗同族的诸侯国，吴国国君的先祖泰伯（亦作"太伯"），是周文王的伯父，而且是家族中的长子，就血统和地位论，不可谓不高贵。当初周太王（泰伯之父）有意把权位传给小儿子，作为长子的泰伯不想引起兄弟相残，于是主动避居到当时还是化外荒凉之地的江南（荆蛮），自称为"勾吴"，并且像当地的蛮人一样"断发文身"，以这种方式表示无权再继承王位。[2] 泰伯之后的历代吴国国君也遵循此例，"断发文身"，逐渐接纳了当地荆蛮部落的生活方式和习俗，结果导致吴国受到中原各国排斥，不再被承认是"华夏"的一员。类似情况还有燕国。燕国始祖召公是周王室宗亲，同属姬姓，在周成王的时候和辅政的周公并称。其后代分封到燕，与当地戎狄部落杂

2　　《史记·吴太伯世家》："吴太伯，太伯弟仲雍，皆周太王之子，而王季历之兄出。季历贤，而有圣子昌，太王欲立季历以及昌，于是太伯、仲雍二人乃奔荆蛮，文身断发，示不可用，以避季历。季历果立，是为王季，而昌为文王。太伯奔荆蛮，自号勾吴。荆蛮义之，从而归之者千余家，立为吴太伯。"

居，在生活方式上与中原地区的差异慢慢扩大，以至于也被排除在"诸夏"之外。《左传》中还记载了关于杞国与鲁国交往的故事。杞国虽是山东小国，却是夏朝后裔，祖先可以上溯至夏王禹。按照三代的传承，血缘上算是最正统的"华夏"。杞国国君称"公"，也是诸侯国里较高的一等。鲁僖公二十七年，杞国派使团访问鲁国，使臣在行礼的时候使用了夷礼，被鲁国人鄙视，称之为"夷"，甚至在史书中也不肯再承认杞国的公国地位，直接称杞国国君为"子"，连降了好几个等级。这还不够，鲁国的史官在惜墨如金的史书上还特意记了一笔，解释说：之所以这么贬低杞君，是因为他们不施行华夏的礼仪。[3]

可见，关于"华"与"夷"的划分，进而关于"自己人"和"别人"乃至"敌人"的认定，都是以文化为标准，而不是依据种族和血缘。这一点在此后数千年间一直延续下来，只是在不同历史时期强调的重点有所不同。有时强调华夷相交相融，有时强调华夷大防、维护华夏文化的中心地位，但区分华夷的标准却从未改变。梁漱溟先生认为"这是中国思想正宗……不是国家至上，不是种族至上，而是文化至上"。正是文化至上的传统观念，确保了中国在漫长的历史进程中，始终没有陷入狭隘的民族观、

3　《左传·僖公二十七年》："二十七年春，杞桓公来朝，用夷礼，故曰子。公卑杞，杞不共也。"

没有囿限于狭义的国家观，这给多民族国家的形成、统一及其内部安全带来了深远影响。

首先，它塑造了中国独特的民族结构，使得中华民族始终保持着多元开放的格局和兼容并蓄的气度。华夏族最早是黄河流域农耕部落形成的联盟，到西周时形成相对完整的礼乐制度，推行封建制、宗法制、井田制等。由于制度适应了生产力发展，二者形成良性互动，使中原地区生产生活方式的先进性日益凸显出来，并逐渐向周边传播。此前被视为夷戎蛮狄的国家，如楚、秦、吴等，由于接受了中原地区的经济、政治和社会制度等，文明程度大幅度提升，也被视为华夏的一分子。在延续千年的封建时代的王朝更替中，一些依靠武力征服了传统的华夏核心文明圈、建立起统治的"夷狄"政权，如北魏、清等，也因为全面接受了先进的华夏文化，最终被接纳为中国的正统王朝。历史上的一些边缘民族如匈奴、鲜卑、氐、羌、党项、契丹、女真等，都在持续不断的与中原地区交流融合的过程中，加入中华民族的大家庭，中国的历史疆域也由此呈现出不断扩大的趋势。

难能可贵的是，中华民族形成和壮大的过程，并不是华夏族对夷狄的单向同化，而是各民族在碰撞融合中，推动中华文化不断丰富和更新的过程。《礼记·王制》曰"中国、戎夷五方之民，皆有性也，不可推移"，认为各个民族的不同特征和差异性是客观存在的，不赞成彻底同化，而是提倡"修其教不易其俗，齐其政不易其宜"，就是说要注重政令的统一和礼仪规范的教化，但是不必强制改变各地民众原有的生活习惯。反过来，对于其他民族的优秀文化和习俗，主流文化也会主动加以吸纳和学习。战国时期赵国国君赵武灵王推行"胡服骑射"，就是借鉴当时所谓"胡人"穿短打衣衫以及重骑兵、重弓弩的作战方式，改革了华夏族士兵衣长袖宽不利于作战、以步兵为主而机动性不强等弊端，增强了军事力量，为国家强盛与安全创造了有利的技术条件。不仅如此，以汉族为主体的"华夏"，虽然自矜于文化的先进性，但是对血统并不过分执着，既不排斥与"夷狄"通婚，也不追求对异族进行"肉体消灭"。早在上古时代，中国就已经形成了"灭国不绝祀"的传统，即消灭一个国家，不管同族还是异族，都不会把这个国家的公族成员全部杀掉，反而要在新的统治秩序确立之后，给予被灭亡国家的贵族以相应的政治地位，让新归附的人民有谋生之道，使之逐渐成为新的国家和社会体系的一部分，这样才能实现"天下归心"。正因为如此，中华民族逐渐形成了既具有核心文化认同，又各有千秋的多元一体格局。

其次，文化至上的华夷观念塑造了中国独特的民族关系。各民族虽有实力强弱的区别，但在观念上相对平等，基于先天血统的歧视从未占据过主流。在上古帝王和三代君主中，舜是东夷人，周文王是西夷人，但是并不妨碍后世将他们尊奉为华夏明君；后稷的后代公刘、古公"皆生于戎狄"，有戎狄血统，但也因其功绩和德行被尊为古之圣贤，可见正统与否，并不以血缘出身为依据，只要接纳华夏文化，就不会因血缘因素受到歧视。荀子也说过："干越夷貉之子，生而同声，长而异俗，教使之然也。"[4] 认为华夏和夷狄生下来并没有什么不同，长大后在文化和习俗方面表现出来的差异，主要是因为接受了不同的教化。他强调后天的学习和教育才是造成人与人之间差异的原因，并不存在天性上的高低贵贱。孔子虽然信奉华夷有别，但说到底是强调礼乐制度的核心重要地位，并不以血统论优劣。据学者考证，孔子的七十二弟子中，言偃、狄黑、左人郢、公孙龙、任不齐、秦商、秦祖、壤泗赤等都出身夷狄。孔子自己也曾说过想要到九夷之地去居住，有人劝他说：九夷之地文化落后、十分闭塞，怎么可能住得长久呢？孔子说：君子到那里去居住（就会把文化礼仪带去），又怎么能说是闭塞和落后呢？[5] 最具代表性的是盛唐时期，皇帝本身就有鲜卑族的血统；朝堂中很多掌握军权的将领，也都是少数民族，其中较为出名的有突厥人执失思力、铁勒人契苾何力、百济人黑齿常之、高句丽人高仙芝、契丹人李光弼等，

4　　语出《荀子·劝学篇》。干，春秋时国名，后被吴国并吞；越，周代诸侯国；夷，指代古代中国境内东方的少数民族；貉，指代古代中国境内北方的少数民族。

5　　《论语·子罕第九》：子欲居九夷。或曰："陋，如之何？"子曰："君子居之，何陋之有！"

他们都身居高位。其中执失思力与皇族联姻，契苾何力死后陪葬在唐太宗的昭陵，享受了很多汉族官员都得不到的殊荣和待遇。

华夏作为主体民族，主要依靠先进文化吸引周边民族，而不是靠武力掠夺。周边民族则认同主体民族的文化并主动"内化"，进而形成向心式的民族布局。春秋时期，晋国作为诸夏国之一，与相邻的北方少数民族经常发生冲突。到了晋悼公在位时，悼公想要一举解决边患，有意伐灭周边戎狄。晋国国卿魏绛得知后，劝阻悼公说，讨伐不如安抚讲和，并详细讲述了"和戎"的五个好处：游牧民族不重视土地，但是重视财产货物，可以与其发展边境贸易；不搞战争，人民可以安心从事农业生产；维持周边和平，可以避免耗费军用物资和战斗人员；一旦与戎狄交好，让戎狄钦慕晋国的礼仪制度，就能够显示晋国作为华夏正宗的地位，在诸侯争霸中起到震慑作用；最重要的是，从以往的经验看，只有采取以德服人的办法与戎狄交往，才能保持边境长久的和睦安宁。晋国和戎狄都能从中受益，为什么不这么做呢？[6]晋悼公被成功说服，开始推行和戎政策。结果确如魏绛所料想的那样，晋

---

6 见《左传·襄公四年》。公（晋悼公）曰："然则莫如和戎乎？"（魏绛）对曰："和戎有五利焉：戎狄荐居，贵货易土，土可贾焉，一也。边鄙不耸，民狎其野，穑人成功，二也。戎狄事晋，四邻振动，诸侯威怀，三也。以德绥戎，师徒不勤，甲兵不顿，四也。鉴于后羿，而用德度，远至迩安，五也。君其图之！"

国国力快速增长，恢复了霸主地位，在华夏诸侯国中的威望也获得提升。悼公要重赏魏绛，魏绛推辞说："和戎狄，国之福也。"此后，"以德教化""怀柔远人"日渐成为中原政权处理与周边民族关系的首选政策，只有在受到袭扰的时候才会予以还击，所谓"来则惩而御之，去则备而守之"；如果夷狄部落钦慕中原文化，愿意承认中原政权的先进性并在礼仪制度上表示尊敬和臣服，那么就"接之以礼让，羁縻不绝"。中原政权极少会要求"慕义而贡献"的少数民族在经济上负担义务，反而会把提升少数民族地区的生产力、维持其安定团结、缩小其与华夏核心文化圈之间的差距当成自己的道德责任，并将此视为国家长治久安的基本条件之一。

对于少数民族来说，中原地区的先进文化和生产、生活方式本身就具有强大的吸引力，而"华夏体系"的开放特性又促其生发出强大的向心动力。任何族群只要愿意归附，都可以被纳入华夏的范围内；华夏的身份，通常就意味正统性与合法性。所以历史上有不少少数民族政权都会主动寻找甚至罗织证据证明自己是华夏的后裔。北魏鲜卑族的拓跋氏自称是黄帝的后代；同为鲜卑族的宇文氏则把族谱追溯到了炎帝；匈奴的赫连勃勃从《史记》中找到线索，宣称其家族是夏朝王室的传人，索性用"夏"作为国号；蒙古政权将其国号定为"元"，也是取自"法《春秋》之正始，体大《易》之乾元"的意思，以示自己虽非华夏之族，却也通晓华夏文化。

文化至上、文化认同优先于种族认同的特点，塑造了中华民族多元一体的开放结构，形成了各民族间相对平等的关系以及"和胜于战"的传统，进而衍生出交融相通的经济网络，这成为多民族国家能够取得统一并保持长久凝聚力的根本原因，也解释了为什么中国人认为多民族组成同一个国家乃是自然而然之事。无论是在民族结构还是在身份认同方面，中国与欧洲近代以来形成的、基于血缘和人种的单一民族国家都截然不同。

但也必须要承认，中国的民族关系并非没有紧张、对立的时刻。纵观历史，民族矛盾激化、"华夷之辨"演化为"华夷大防"之时，往往也是华夏文化陷入危机、中原政权内忧外患之时。东晋南渡，五胡乱华；宋金并立，宋室偏安；蒙古铁骑横扫，神州沦为牧场；明末群雄蜂起，清军挥师入关，都曾引发过"明夷夏之别、严夷夏之防"的社会风潮。这一方面是华夏文化的自我保护，另一方面也是华夏民族通过明确"我们是谁""敌人是谁"来凝聚内部团结，以抵御外部威胁。相反，中原政权巩固、国力强盛，华夏文化优越性不受挑战时，比如汉、唐的鼎盛时期，则往往会强调"华夷一体""王者无外"的立场。

清末时期中国社会经历了颠覆性的变化，西方文化的强势入侵给华夏文化带来了前所未有的危机。以家国天下为己任的有志之士，一边哀叹华夏文化已经丧失了先进性、中国已落后到夷狄的地位，西方"以其有道攻中国之无道，故可危矣"（清末外交家郭嵩焘语）；一边又高呼"恢复中华"，北京大学教授刘师培甚至提出改用"黄帝纪年"，以唤起同胞的民族自觉。焦虑彷徨和矛盾挣扎的心理在华夷问题上展露得淋漓尽致。随着危机不断加深，精英阶层最终在确定"谁是华夏"的问题上突破了传统的华夷观念，将整个中国视为一体，将外来文化视为"夷"。梁启超开创性地提出了"中华民族"的概念，认为在国家存亡之际，应当"合国内本部属部之诸族，以对于国外之族是也。……合汉合满合蒙合回合苗合藏，组成一大民族"。此后，"中华民族大同会""五族国民合进会"纷纷成立，一个由传统的、多民族组成的文化共同体，开始在抵御海外侵略、与异质文化激烈碰撞的炮火中缓慢地向现代国家转型。

时至今日，"华夷之辨"已经退出了历史舞台。但它对于中国这样一个多民族国家的发展和安全来说，仍具有强烈的启示意义：保持国家物质文化、制度文化和精神文化的先进性，塑造、推广社会主义核心价值观，乃是维系民族团结、增强国家认同感和凝聚力的根本之道。

以文化人　以德治国

春秋时期，齐景公非常宠爱他的一个小妾；小妾生了个儿子叫"荼"，景公有意把齐国国君的位子传给荼。但是，当时其长子阳生已经被立为太子了。于是便有大臣迎合景公的心思，劝其废长立幼。齐国上大夫晏婴知道之后，劝谏景公说不能这样做：以位卑的人取代位高的人，这是国家的大害；废除长子改立幼子，是祸患的根源。况且太子阳生已经成人，德行完备，深受国人拥戴，废除他于礼不合。[7] 晏婴的依据在于要"以礼治国"，"礼"是维系社会秩序的一整套行为规范。依礼，就会形成君正臣忠、父慈子孝、兄友弟恭、夫妻和睦的良好社会风气，进而才能实现国家稳定强盛和长治久安。

但是齐景公听不进晏婴这一套苦口婆心的劝告，执意废除了太子阳生，改立荼为储君。景公死后，太子荼不能服众，被田氏所杀，齐国陷入动乱。此时齐人又想起晏婴当年的劝阻，纷纷称赞晏婴是贤臣，认为他有大智慧、有先见之明。

事实上，"以礼治国"并非晏婴一个人的主张，而是当时一些政治家、思想家的共识。齐国国相管仲曾说过："礼义廉耻，

7　《晏子春秋·卷一》，内篇谏上第一，景公欲废嫡子阳生而立荼晏子谏第十一。

国之四维；四维不张，国乃灭亡。"他认为"礼"和"德"是国家安全的根基，呼吁国家间竞争要聚焦于道德和礼仪的比拼，而不应争强斗狠、炫耀武力。孔子则把"礼"和"德"视为治国的理想标准，指出"道之以政，齐之以刑，民免而无耻；道之以德，齐之以礼，有耻且格"。大意是说：用政令来引导人、用刑法来规范人，也不是不能治理国家，但不是最好的办法，民众只是力求免受刑罚，内心里其实没有是非观念；更理想的方式是用道德来引导人、用礼仪来教化和规范人，这样他们不仅不会做错事，而且心中有大是大非的标准、有羞耻之心，会自觉地形成稳定良好的秩序，国家就会实现"善治"的目标。荀子也把"礼"抬到崇高的地位，认为"人无礼则不生，事无礼则不成，国家无礼则不宁"。

中国最早成型的礼仪制度——周礼——在春秋战国时代经历过重大的崩坏和变革，但这丝毫没有妨碍当时各诸侯国、各学派对礼仪道德的强调。更有甚者认为正是"礼崩乐坏"才造成了各国纷争不已、战乱不休的局面，唯有重建礼制才能使天下回归和平与秩序。这种思潮一直延续下来。秦汉之后，儒家学说逐渐取得社会意识形态的主导地位，遂进一步充实了礼仪道德的内涵，发展出"以礼治国""德主刑辅"的系统理念，成为中国传统政治文化的重要组成部分，也塑造出别具一格的国家安全观。

在政权安全上，执政者和统治集团的"德"与"行"直接关系到治理的合法性。君主虽受命于天，但"天命"并非不可更改；民意是天命的映照，"天视自我民视，天听自我民听"，"民之所欲，天必从之"。如果君主失德，政府未能尽职履责，不能使天下百姓安居乐业，甚至损害百姓的利益，那么就会失去"天命"，引发社会动荡和政权更迭。孟子把符合礼仪规范的德行称之为"仁"，认为夏、商、周三代开国之君之所以能得天下，是因为施行了仁政；后来政权被推翻，也是因为君主的所作所为"不仁"，这就是国家兴废存亡的规律。所谓"天子不仁，不保四海；诸侯不仁，不保社稷；卿大夫不仁，不保宗庙；士庶人不仁，不保四体"。

夏朝开国君主大禹，带领民众治理水患，使九州大地免受洪水肆虐之苦，保华夏生灵免遭涂炭，遂成为天命所归。但夏朝末代君主桀悖德乱行，穷奢极欲，对人民横征暴敛、敲骨吸髓。有臣子劝告桀要体恤民生，否则恐怕会有亡国之忧，桀却毫不在意，认为自己是承接天命之人，正如天空中的太阳一样："太阳什么时候灭亡，我才会灭亡！"民众实在无法忍受，都指着太阳诅咒桀："你什么时候灭亡啊，我们宁可跟你同归于尽！"商顺应民意，推翻了夏朝的统治，"汤武革命"被认为是正义的战争，是"顺乎天而应乎人"。但是到了商朝末年，纣王犯了与桀同样的错误，挥霍大量的社会财富用于满足私欲，在宫室内建"酒池肉林"，全不顾民生疾苦，失去了德行，便也不再享有天命，最后被兴起于西部边陲的蛮夷小邦"周"取而代之。夏桀、商纣都是因施行暴政、罔顾民生而丧失统治合法性的典型。

春秋时期齐景公去麦丘游玩，遇到一位85岁高龄的老人。当时这么长寿的人非常少见，是"人中祥瑞"，景公希望能得到他的祝福。这位老人于是向景公献祝说："希望君主您永远不要得罪老百姓。"景公听了很不高兴，认为"从来只有老百姓开罪于国君，哪有国君会得罪老百姓的"！这时景公身边的一位臣子提醒他说："国君错了，您难道忘了桀和纣吗？他们难道不是因为得罪了百姓，所以才被诛灭的吗？"

礼治和德政对执政者提出了理想化的要求。一方面，执政者需要努力提高自身的道德水平，规范自己的行为，约束自己的私欲，使自己的言行符合"圣贤"的标准，才能担负起以德行教化天下的责任。孔子曾经教导季康子为政之道，指出"政"就是"正"的意思，认为上位者必须行正道，才能引导社会形成良好的风气；若是不能行正道，民众就不会听从指令，治理也就无从谈起。[8] 另一方面，执政者必须把民生问题摆在尤其重要的地位，把百姓视为国家的根本，通过固本实现邦宁。只有同时做到这两点，才能维持治理的合法性，也才能夯实政权安全的根基。后

---

8 《论语·颜渊第十二》：季康子问政于孔子。孔子对曰："政者正也。子帅以正，孰敢不正？"

来，这一要求扩大成为整个统治集团的道德标准。虽然现实未必尽如人意，但至少在理念上，社会各阶层就"得民心者得天下"达成了高度共识。广受民众喜爱的地方戏《九品芝麻官》里有一句脍炙人口的唱词："当官不为民做主，不如回家卖红薯！"这正是社会共识的体现。

这种政治文化传统自有其积极的一面，在各个历史阶段被不断更新、传承，至今仍然是治国理政的一条重要原则。中华人民共和国成立之后，中国共产党作为执政党，进一步升华了延续数千年的"为政以德""政得其民"的理念，并且前所未有地把它变成了现实。一方面，始终坚持"从群众中来，到群众中去"的工作方针，始终把人民群众的利益摆在首位，"一切为了人民，一切依靠人民"，把政权的根基深植于人民群众之中。另一方面，又时刻强调组织的纪律和自我净化能力，强调党员的先锋模范作用。中华人民共和国成立之后历代领导人都把从严治党当作一件大事来抓，要求党员干部付出更多辛劳和努力、接受更严格的约束，自觉受人民监督，把得到人民群众的认同和肯定视为治理合法性的不竭源泉。

在对外安全上，重视礼仪道德的传统体现为反对暴力、崇尚和平的战略特征，对于战争的态度极为谨慎，不主张武力扩张。因此，在中国漫长的历史上找不到像日本《明治遗训》、德国《德皇雄图秘著》、俄国《彼得大帝遗嘱》等"雄心勃勃"旨在以武力搞扩张的政治宣言和著作，反而充斥着大量非战、义战、仁胜，以"柔道"取天下的论述。汉代刘向在其著作《说苑·指武篇》里提到"圣人之治天下也，先文德而后武力"，强调明君治国注重先礼后兵和道德教化，武力只是退而求其次的选择。传统兵家在专门论述战争哲学和战争艺术的著作中，也都开宗明义地指出"兵者，凶器也，不得已而用之"；而且有相当一部分内容强调了战争对国家发展、民众生命财产等造成的破坏，劝诫"明主慎之，良将警之，此安国全军之道也"。

因此，为一己之私欲发动的战争是不义的，反而会对国家安全造成意想不到的损害。《国语·越语下》里面记载了关于越国伐吴的故事：勾践当上越国国君的第三年，想吞并周边的吴国，于是和大臣们商议。范蠡表示反对，他说，战争本身是违背道德的行动，国家的军队其实是凶险无比的工具，不能随意动用。武力讨伐，那是最没有办法的办法，是下下之策。那些喜欢诉诸武力、穷兵黩武的人，最后都没有什么好的下场。如今我们没有逼不得已的理由，率先兴兵，恐怕对国家不利！[9] 但是勾践主意已定，没有听从范蠡的建议，还是兴兵伐吴，最后大败而归，几乎

9　《国语·越语下》：越王勾践即位三年而欲伐吴。……范蠡进谏曰："夫勇者，逆德也；兵者，凶器也；争者，事之末也。阴谋逆德，好用凶器，始于人者，人之所卒也。淫佚之事，上帝之禁也。先行此者，不利。"王曰："无！是贰言也，吾已断之矣！"

亡国。于是便有了后面为人熟知的卧薪尝胆的故事。

使用武力必须要有正当的、符合道德标准的理由，所谓"师出有名"，否则便不能获得民众和舆论的支持；很多战争动员也都需要从公理、仁义出发。秦末楚汉相争之时，刘邦想要攻打项羽，但是支持者不多，所以很担心不能取胜。新城的董公听说这件事后，专程到汉军经过的路上去见刘邦，对刘邦说，我听说圣贤教导人以德征服天下，顺德必昌，逆德者亡。汉王如今出兵伐楚，有什么正义的理由吗？如果没有，就算侥幸胜利，又如何能让天下信服呢？刘邦被说中心事，无言以对。董公又说，项羽无道，汉王你攻打他是可以的。但你如果不能秉持公义，不讲明他的过错，就这样起兵讨伐，那么仅仅是为了私利，和他的德行也差不许多。项羽当年和您一起拥戴义帝，后来背信弃义，以下犯上，杀了义帝。这正是他的过错。您不应该把争霸的心思放在公义之前，而是应当先为义帝发丧，让三军戴孝，同时向诸侯表明为义帝报仇的心愿，这才是正义之师，一定能得到支持。刘邦听完，深以为然，于是照此办理，果然得到了多路人马的响应。

但是，传统的战略思想还认为，即便是正义的战争取得了胜利，也不应以此为功绩。因为"乐兵者亡，利胜者辱"，即把军事上的胜利当作功绩炫耀，会让人忽略战争本身的残忍和因此造成的巨大伤害。那些好战的、一心想要通过武力优势去获取利益的人，早晚会自取灭亡，使自己受辱。只有那些对武力"备而不用"，能够不战而屈人之兵，并且最终能凭借先进的文化和礼仪道德让周边国家倾慕、尊重，这才是具有正当性的文明国家。

从国家安全的实践来看，历史上中国所进行的对外战争，多数是被动防御；即使在不得不开战的情况下，只要能掌握主动权，就往往会追求把战争控制在一定范围之内。中华人民共和国成立后，虽然国家安全观念受到了西方政治理论的影响，经历了向现代化转型的过程，但传统的"非战"文化还是保留了下来，并且持续发挥着积极作用。20 世纪 50—80 年代，中国只发生过三场边界战争，无论以弱敌强，还是以强对弱，无一例外都是自卫反击的性质，这就很典型地体现了中国对战争谨慎、负责的态度。相应地，中国把搞好国内建设、携手地区国家共同发展视为维护国家安全的基石，在对待周边国家时以睦邻友好、平等合作为基本导向，创造性地提出了"亲诚惠容"的原则和新时期的"义利观"，也集中展现了一个崇尚礼仪道德的传统文明大国的风范和气度。

天下为公

中国民主革命先驱孙中山先生一生曾留下许多墨宝，其中数量最多、出现频率最高的是"天下为公"四个字。有人做过粗略

统计，从 1912 年中华民国成立到 1925 年中山先生辞世，他曾
30 多次在各种场合写下这四个字，送给过冯玉祥、陈独秀、张
学良等友人，勉励过复旦大学的青年学生，也以此庆贺过《新青
年》的创刊。"天下为公"，饱含着中山先生以及无数革命先驱对
中国和世界光明未来的期许，是有志之士在国家危难之际捐躯为
民的铿锵誓言，也代表着中国人从先秦到现代传承了千百年的、
根深蒂固的文化信念与政治理想。

所谓"大道之行也，天下为公"，这里的"天下"是一个内
涵极其丰富的概念，由传统的哲学观、地理观、政治观和文化观
叠加而成，全面塑造了中国向内看自己、向外看世界的角度和方
式。从哲学上看，"天下"与"天"是一个相互映照的整体，天
下包括"地"和"人"两方面，严格按照"天道"规定的一整套
秩序运转；秩序的核心是和谐共生，只承认有差异化的内部，不
认为有不可兼容的外部。从地理上看，天下没有明确的边界，既
包含"九州"也囊括"四海"。换句话说，就是华夏民族居住的
"中国"及周边受华夏文明影响和辐射的其他民族的居所，大体
上形成"内诸夏而外夷狄"的同心圆结构，只分地域上的远近，
不设种群间的分隔。从政治上看，天下归于一统，存在一个不可
分割的权力中心，因为"天无二日"，所以"土无二王"，"普天
之下，莫非王土；率土之滨，莫非王臣"；"天子"居于天下之中、
受天命所托实施治理，既要做到"王者无外"、公而无私，又要

天下為公

山井先生屬

孫文

顺从天意和民心，才能维持权力的正统性。从文化上看，天下是普遍的，不仅万众生民有着共同的本性，而且用于安排生活的文明价值和秩序也是放之四海而皆准；天下也是多元的，"阴阳之和，不长一类；甘露时雨，不私一物；万民之主，不阿一人"，在选贤与能、讲信修睦、天下大同的前提下，承认并尊重不同地区、不同个体的差异。

这种复杂的天下观念从一开始就超越了狭义的国家和民族界限，直接放眼于广阔的世界。19 世纪末到 20 世纪初，东西方文明激烈碰撞，全面重塑了中国的世界观和价值观。传统的"天下体系"以及在此基础上建立的朝贡制度崩解，天下观念也逐渐从政治和地理领域中淡出，退守到哲学和文化领域。中国为了与世界接轨，接受了以西方文化为依托的现代民族国家的论述，但传统的天下观念仍然潜移默化地影响着中国人对国家安全乃至世界和平的看法。

在国内层面上，天下观念使"大一统"的理念深入人心，形成了最广泛的社会共识，维护统一、反对分裂成为国家安全的基准线。从传说中的三皇五帝时代开始，"万国和""一天下"便是颂扬圣君功德的一项重要内容；春秋战国虽然经历了漫长的大分裂，但各国政治家、思想家仍然把"统一"视为获得正统权力的主要途径，当作必须追求的政治愿景。孔子讲"大同"，墨子提"尚同"，孟子主张"定于一"，老子推崇"道归于一"，荀子提出"四海共一家",其核心思想均大同小异;法家更是从实践层面提出了富国强兵、一统天下的诸多举措,为秦开创中央集权制的帝国奠定了根基。此后,中国历史的车轮在治乱分合中滚滚向前,但有一条趋势线索相当明显:分裂的时间越来越短,统一的时间越来越长,到明、清时代,统一的政权往往能延续数百年时间;而且史书上记载的国泰民安的"盛世",如文景之治、贞观之治、开元盛世、康乾盛世等,都出现在统一王朝时期。即便是在分裂的乱世,各个政权也都以文化中心、权力正统自居,念念不忘"汉贼不两立,王室不偏安",不满足于割据的现状。三国时魏、蜀、吴三分天下,三国鼎足而立,但魏一再兵进长江、蜀汉倾全国之力数出祁山、吴多次挥师北上,都不肯放弃重新统一的希望。

天下观念以华夏文化为基础,但"大一统"的共识却并非只被华夏族独享。凡是接纳中华文化的族群,都把"统一"视为权力正统性的来源,即便是少数民族政权也概莫能外。西晋灭亡之后的五胡十六国时期,氐族建立的前秦政权扫平了北方,与东晋形成南北对峙之势。前秦统治者苻坚并未就此止步,屡屡表明其政治志向在于"混六合为一家""建大同之业",结束天下分裂局面。苻坚常对人说,我每每想到天下还没有统一,就忧心得吃不下饭;我从来不敢松懈、不愿意轻松自在地过完这一生,就是因为还没有建立天下大同的功业!同时代的匈奴人赫连勃勃建立了

夏国政权，也宣称自己将"统一天下，君临万邦"，还将都城命名为"统万城"，以昭示其雄心壮志。羯族政权后赵的开国皇帝石勒，历来高调标榜自己的胡人血统，并以此为荣，但他在晚年回顾一生功过时也多次喟叹，此生最大的遗憾就是吴蜀之地（南方）尚未平定，没有像秦始皇那样重新确立"书同文、车同轨"的统一制度，"恐怕后世的人会觉得我这个皇帝做得名不正言不顺，不得天命"！

　　清末以来，在反对帝国主义、封建主义和官僚资本主义的持续抗争中，中国作为现代国家的边界逐渐锻造成型，国家统一和国土完整的问题更是被放置在头等重要的地位。从抗日战争时期

"一寸山河一寸血"的争夺与坚守，到新中国打响边境自卫反击战、先后收回香港和澳门的主权，再到提出总体国家安全观、突出强调要维护领土主权安全，一以贯之都是中华儿女为维护和实现国家统一进行的不懈努力。"统一"是中国人民的共同信念，是中华民族的根本利益所在，也是国家安全不可碰触的红线。

在国家间层面上，传统天下观念洗去了"华夏中心主义"等落后于时代的消极色彩之后，保留下和谐共生、美美与共和"大道之行也，天下为公"等积极因素，成为镌刻至深的民族文化密码，影响着中国对国际安全和全球发展问题的解读。中国人信奉天人合一，认为天之道在于均衡与和谐，而不在于冲突和对立，因此理所当然地认同和接受"天下一家""四海之内皆兄弟"；这与西方讲究天人对立、非黑即白的思维恰好相反。近代以来，由于西方在物质文化和制度文化领域取得了相对优势，以西方文化为起点建立的国际关系体系迅速扩张到全球，把中国也纳入其中。但中国并不认可国家与国家"零和博弈"的逻辑，也不认为现实世界中真的存在"不可化解的死敌或者绝对的异端和敌人"；而是始终坚信短暂的征服与压制不能带来绝对的安全，只有合作共赢才是国家间长久共处的正道。

20世纪中期冷战铁幕落下，核战争的阴云笼罩全球。中国加入了社会主义阵营，同时也创造性地提出"互相尊重主权和领土完整，互不侵犯，互不干涉内政，平等互利，和平共处"作为国家间交往的主要原则。这五项原则最早是在处理中印有关西藏地区的历史遗留问题时提出的，后来逐渐被各国认可和接受，其文化与哲学基础就在于协和万邦、小异而大同的天下观念。当时，有印度记者表示：国家大小强弱不同，怎么可能会做到和平共处？周恩来总理解释说，各国不分大小强弱，不论其社会制度如何，都应该有选择自己发展道路和生活方式的权利；相互尊重，不侵犯、不干涉，那么一国威胁、侵略另一国的情况就能够避免，国际社会的和平与安全就有可能会变成现实。这是传统的东方智慧和传承千年的政治信念，也从另一方面解释了为什么中国人不相信国强必霸，不认为一个国家的崛起必然会以另一个国家的衰落为代价。21 世纪以来，随着中国国力增强，世界主要国家实力对比此消彼长，美国一些学者、政客开始大肆炒作"修昔底德陷阱"，大谈特谈所谓"大国冲突"难以避免；与此同时，中国人却在积极地探索建立"新型大国关系"，这并非外交手段或是宣传口径，而是深植于文化基因中的世界观在现实世界中的投映。

国史大家钱穆先生曾经说过："中国文化的传统精神，建本于一己，而直达于天下。只求一种人与人相处之道来融通解决人类间一切问题，而期求达于天下一家、中国一人、大同太平的大理想。"中国在安全和发展等问题上的目标和理想，固然立足于家和国，但又不局限于国家。在尚未与世界连通的时候，中国追求建立的是一个"不独亲其亲，不独子其子""天下为公"的大同社会；当与世界融为一体的时候，中国追求实现的是一个各国和平共处、携手发展的命运共同体。中国从未把自身的安全与世界的安全割裂开来，也从未把中国的发展与世界其他国家和民族的发展对立起来。习近平主席在 2018 年香山论坛开幕式的贺信中呼吁，以合作促发展、以合作促安全，推动构建人类命运共同体。这既是我们为世界和平贡献的中国思路和中国方案，更是"和谐共生、大道为公"的传统天下观念在新的时代环境中的涅槃和升华。

参 考 文 献

1　许倬云：《说中国：一个不断变化的复杂共同体》，广西师范大学出版社2015年版。

2　许倬云：《万古江河》，湖南人民出版社2017年版。

3　葛兆光：《宅兹中国：重建有关"中国"的历史论述》，中华书局2011年版。

4　葛剑雄：《统一与分裂：中国历史的启示》，商务印书馆2013年版。

5　费正清：《中国：传统与变迁》，世界知识出版社2001年版。

6　赵汀阳：《天下体系》，中国人民大学出版社2011年版。

7　萧公权：《中国政治思想史》（上下册），商务印书馆2016年版。

8　张立文：《传统文化与现代化》，中国人民大学出版社1987年版。

9　钱穆：《中国文化史导论》，台北正中书局1973年版。

10　钱穆：《从中国历史来看中国民族性及中国文化》，九州出版社2011年版。

11　孙隆基：《中国文化的深层结构》，广西师范大学出版社2006年版。

12　梁漱溟：《中国文化要义》，台北正中书局1973年版。

13　胡适：《中国文化的反省》，华东师范大学出版社2013年版。

14　余英时：《士与中国文化》，上海人民出版社2013年版。

15　葛兆光：《古代中国文化讲义》，复旦大学出版社2006年版。

16　吕思勉：《中国文化史》，新世界出版社2008年版。

17　［日］王柯：《从"天下"国家到民族国家：历史中国的认知与实践》，上海人民出版社2020年版。

图书在版编目（CIP）数据

文化与国家安全／中国现代国际关系研究院著.
— 北京：时事出版社，2021.4（2023.10 重印）
（总体国家安全观系列丛书）
ISBN 978-7-5195-0423-6

Ⅰ.①文… Ⅱ.①中… Ⅲ.①国家安全－研究－中国
Ⅳ.① D631

中国版本图书馆 CIP 数据核字（2021）第 054296 号

出版发行：时事出版社
地　　址：北京市海淀区彰化路 138 号西荣阁 B 座 G2 层
邮　　编：100097
发行热线：（010）88869831　88869832
传　　真：（010）88869875
电子邮箱：shishichubanshe@sina.com
网　　址：www.shishishe.com
印　　刷：北京良义印刷科技有限公司

开本：710mm×1000mm　1/16　印张：22.75　字数：247 千字
2021 年 4 月第 1 版　2023 年 10 月第 3 次印刷
定价：65.00 元

（如有印装质量问题，请与本社发行部联系调换）